L'ÉGLISE ARMÉNIENNE

ORIENTALE.

TYP. HENNUYER, RUE DU BOULEVARD, 7. BATIGNOLLES.
Boulevard extérieur de Paris.

HISTOIRE
DOGMES, TRADITIONS ET LITURGIE
DE
L'ÉGLISE ARMÉNIENNE
ORIENTALE

AVEC

DES NOTIONS ADDITIONNELLES

SUR L'ORIGINE DE CETTE LITURGIE,
LES SEPT SACREMENTS,
LES OBSERVANCES, LA HIÉRARCHIE ECCLÉSIASTIQUE,
LES VÊTEMENTS SACERDOTAUX ET LA FORME INTÉRIEURE DES ÉGLISES,
CHEZ LES ARMÉNIENS.

PAR M. ÉDOUARD DULAURIER.

DEUXIÈME ÉDITION
revue et corrigée.

PARIS
A. FRANCK, LIBRAIRE-ÉDITEUR, RUE DE RICHELIEU, 67.
LEIPSIK, MÊME MAISON.

1857

INTRODUCTION.

La croyance de l'Eglise arménienne orientale, c'est-à-dire de celle qui relève du *catholicos* ou patriarche universel dont le siége est à Edchmiadzïn[1], et surtout sa doctrine sur le dogme de l'Incarnation, ont donné lieu à une foule de controverses et d'écrits. Faute d'une connaissance suffisante de la langue arménienne, et dans l'impuissance de recourir aux textes originaux, les auteurs occidentaux qui se sont occupés de ce sujet n'ont pu acquérir que des notions imparfaites, et présenter à leurs lecteurs que d'inexactes appréciations. Dans les livres qui ont été imprimés

[1] Célèbres couvent et église fondés au commencement du quatrième siècle, par l'apôtre national de l'Arménie, saint Grégoire l'Illuminateur, à Valarsabad, l'une des anciennes capitales de ce royaume, dans la province d'Ararad.

jusqu'à présent en Europe, où il est question des Arméniens, on ne cesse de répéter qu'ils ont embrassé le monophysisme, tel que l'ont enseigné Eutychès, archimandrite de Constantinople, et ses adhérents, Dioscore, patriarche d'Alexandrie, et Jacques Baradée, dit Zanzale, qui ne reconnaissaient en Jésus-Christ qu'une seule nature, la nature divine. C'est ainsi que le P. Monier, jésuite, qui visita l'Arménie, et qui est l'auteur d'un travail d'ailleurs estimable sur l'ancienne histoire et l'état moderne de ce pays[1], et l'orientaliste Lacroze, protestant, qui a écrit l'*Histoire du christianisme d'Éthiopie et d'Arménie*[2], sont d'accord pour prétendre que les Arméniens sont une branche des monophysites et des jacobites. Cependant rien n'est moins fondé que cette assertion, car non-seulement ils ont toujours condamné et condamnent encore Eutychès et ses sectateurs, et les énumèrent dans la liste des hérétiques que leur Eglise excommunie, mais encore ils professent explicitement, comme les Eglises grecque et latine, le dogme des deux na-

[1] *Lettres édifiantes*, t. I, p. 255-256, éd. du *Panthéon littéraire*, Missions d'Arménie et de Perse.

[2] 1 vol. in-12, La Haye, 1729, p. 327 et 328.

tures, des deux volontés et des deux opérations en Jésus-Christ [1]. Une ambiguïté dans les termes de leur idiome employés pour définir la coexistence et la corrélation des deux natures de l'Homme-Dieu, a causé la méprise dans laquelle on est tombé en leur attribuant une doctrine qu'ils désavouent, comme le montre clairement le livre que nous publions aujourd'hui.

C'est afin de faire cesser ces fausses idées répandues sur le compte d'une nation estimable à tant d'égards, qu'ont été écrites les pages suivantes, où se trouve exposée avec sincérité la profession de foi religieuse de cette nation.

Notre livre se divise en trois parties.

La première présente un tableau succinct, mais complet, de l'histoire de l'Église arménienne, du mouvement des doctrines qui s'opéra dans son sein, et des vicissitudes qu'elle a traversées, depuis l'époque où les saints apôtres Thaddée et Barthélemi

[1] Cf. l'ouvrage publié à Moscou en 1850, sous le titre de : *Exercice de la foi chrétienne*, par M. Mser, professeur à l'Institut Lazareff des langues orientales de Moscou, ouvrage qui a paru avec l'approbation et le sceau du catholicos Mgr Nersès V, que l'Eglise arménienne a perdu tout récemment.

vinrent apporter la lumière de l'Evangile dans la grande Arménie, jusqu'au siècle où nous vivons. Les documents sur lesquels a été composée cette première partie ont été puisés aux meilleures sources, dans les livres manuscrits ou imprimés de la bibliothèque du couvent patriarcal d'Edchmiadzïn. Les ouvrages des *vartabeds* (docteurs) arméniens modernes les plus en renom pour leur savoir ont aussi été mis à contribution.

La seconde partie est un exposé de la foi arménienne, rédigé, à la demande de l'empereur Manuel Comnène, par le patriarche saint Nersès, surnommé Schnorhali (le gracieux), à cause de l'onction de sa parole persuasive, des grâces et de l'élégance de son style ; ou bien encore Glaïetsi, parce qu'à l'époque où il vivait, le catholicos avait pour résidence le château-fort de Hrom-Gla, situé sur la rive occidentale de l'Euphrate [1].

Saint Nersès, qui siégea pendant six ans, de 1166 à 1172, appartenait à une des familles les plus anciennes et les plus considérables de l'Arménie. Par son bisaïeul Grégoire Magistros, duc de la Mésopotamie, prince aussi remarquable par ses talents mi-

[1] Hrom-gla ou Roum-Kalé, littéralement *Château ro-*

litaires que par sa vaste érudition, il descendait de saint Grégoire l'Illuminateur et de la famille royale des Arsacides. On verra dans le *Précis de l'histoire de l'Église arménienne* le récit des efforts que fit ce patriarche pour opérer la réunion, si longtemps désirée, de l'Eglise grecque et de l'Eglise arménienne. Ses lettres, insérées dans ses œuvres en prose, attestent les bons rapports qu'il ne cessa d'entretenir avec le patriarche de Constantinople, ainsi qu'avec le prince Alexis, gendre de Manuel Comnène, et cet empereur lui-même, lesquels tenaient en haute estime ce vénérable et savant docteur. Comme poëte, saint Nersès s'est exercé sur une foule de sujets, presque tous d'un caractère religieux ; parmi ses poëmes, l'un des plus connus et des plus goûtés est celui sur la prise de la ville d'Edesse, enlevée aux chrétiens, sur la fin de l'année 1144 [1], par l'atabeg Emad-Eddin Zengui, père de

main, du mot arabe *kala* ou *kalé*, forteresse. Ce château avait été acquis de la veuve du fils de Josselin de Courtenay, par Grégoire III, frère et prédécesseur de saint Nersès, lequel fut catholicos de 1113 à 1165 ou 1166.

[1] Suivant l'historien arménien inédit, Grégoire le Prêtre, Edesse fut prise le samedi 23 décembre 1144, jour de la fête de saint Etienne, protomartyr, à neuf heures du matin.

Nour-Eddin, si célèbre dans l'histoire des croisades.

Enfin, la troisième partie est une traduction littérale de la liturgie de l'Eglise arménienne orientale. Dans les Notions additionnelles qui terminent le volume, il est question de la haute antiquité de cette liturgie, qui remonte aux âges apostoliques. Plus tard elle fut fixée, dans sa forme principale, par saint Grégoire l'Illuminateur, vers le commencement du quatrième siècle; puis successivement retouchée, dans le cours du cinquième, par le patriarche saint Sahag (Isaac), par saint Mesrob, l'inventeur de l'écriture arménienne, et par les patriarches Kud et Jean Mantagouni, et calquée, pour une part notable, sur celle de saint Jean Chrysostome. Cependant elle renferme nombre de prières, et principalement celles comprises depuis la page 116 jusqu'à la page 137, où la tournure et le mouvement de la pensée, l'ampleur majestueuse et la correction du style révèlent une composition originale, tout arménienne. L'opinion commune attribue ces prières à Jean Mantagouni, l'un des plus saints et des plus savants Pères qui aient illustré l'Eglise d'Arménie, l'intrépide défenseur de la foi chrétienne contre les persécutions du roi de Perse, Béroz ou Firouz.

Les personnes vouées aux études religieuses et liturgiques accueilleront avec bienveillance et intérêt, nous l'espérons, un ouvrage qui jette un jour tout nouveau et vrai sur l'histoire, les doctrines et la constitution de l'une des plus antiques Eglises de l'Orient.

PREMIÈRE PARTIE

PRÉCIS DE L'HISTOIRE DE L'ÉGLISE ARMÉNIENNE

I.

Prédication de l'Évangile en Arménie, dans les temps apostoliques.

Les saints apôtres Barthélemi, Thaddée, Jude, frère de saint Jacques le Mineur, et Thomas, apportèrent la lumière du christianisme en Asie, presque aussitôt après l'Ascension de Notre Seigneur Jésus-Christ.

La première période du christianisme, dans la grande et la petite Arménie, embrasse un espace de deux cent soixante-huit ans, à partir de l'an 34 jusqu'en 302 de J. C. Ce laps de temps correspond à la domination des rois arméniens idolâtres.

L'apôtre Thaddée, en l'an 34, vint à Edesse, capitale du royaume d'Arménie, dont le souverain était alors Abgare, que plusieurs historiens ont supposé à tort être roi de Syrie, entre autres Denys de Telmahar, dans son histoire écrite vers 820. Moïse de Khoren, qui composait son histoire d'Arménie vers 460, affirme, d'après des documents qu'il recueillit dans les archives d'Edesse, qu'Abgare était roi d'Arménie, et qu'une partie de la Syrie lui appartenait; ce qui a donné lieu à plusieurs auteurs de prétendre que ce prince était roi de Syrie.

Abgare, selon ces divers témoignages, était en proie depuis longtemps à de cruelles souffrances, que l'art de la médecine n'avait pu calmer. Ayant entendu parler des miracles opérés par Jésus-Christ, il lui envoya un message pour le prier de venir le guérir et annoncer la doctrine de l'Evangile dans ses Etats. Le Sauveur, n'ayant pu se rendre à cette invitation, lui fit remettre son portrait empreint sur un linge. Ayant reçu ce don précieux, le roi fut guéri. Cette image fut placée sur la grande porte d'Edesse, et elle fut dès lors, pour cette ville, une puissante sauvegarde. Dans le Martyrologe grec, il est fait mention de cette image miraculeuse.

Abgare, frappé du prodige qui lui avait rendu la santé, accueillit favorablement l'apôtre Thaddée, et embrassa la religion chrétienne. Thaddée apporta en Arménie la lance dont fut percé le Sauveur sur la croix. Il fonda à Edesse la première église chrétienne, ordonna évêque Addée, consacra plusieurs prêtres, et leur transmit les préceptes évangéliques destinés à la direction du troupeau confié à leurs soins. Ces préceptes se trouvent consignés et se sont perpétués jusqu'à nos jours dans les livres des Arméniens, et entre autres dans leur *Kanonakirk* ou *Nomokanon.*

Thaddée se rendit ensuite dans la grande Arménie, où il convertit un nombre considérable d'Arméniens, et leur chef Sanadroug, qui plus tard succéda à Abgare, mais retomba dans l'idolâtrie. Ce prince persécuta les chrétiens et fit mourir Thaddée, qui souffrit le martyre en l'an 50 de J. C., dans la ville de Schavarschan, dans le district d'Ardaz.

Pendant les dix-sept ans que Thaddée exerça son apostolat en Arménie, il gagna un nombre considérable d'âmes à Dieu, fonda plusieurs églises et établit des évêques dans la ville d'Edesse, et dans le district d'Ardaz et autres lieux de la province de Vasbouragan. Les plus célèbres de ces évêques sont Addée, Zacharie, Théophile, Elisée et Eustathe. Les restes de saint Thaddée furent ensevelis dans le village de Magra, à une petite distance de la ville de Magou, dans le district d'Ardaz, où les Arméniens ont encore à présent un monastère en l'honneur de ce saint dans lequel ses reliques et celles de sainte Santoukhd sont conservées.

Les apôtres saints Barthélemi, Barnabé et Philippe parcoururent ensemble la Syrie et l'Asie supérieure. Après la mort de ce dernier, Barnabé alla dans la Perse et dans l'Inde; saint Barthélemi, de son côté, se dirigea vers l'Arménie et la Perse, où il fixa son séjour.

Il apporta en Arménie une image miraculeuse de la sainte Vierge, peinte par saint Luc, et qui est maintenant perdue. A Djoulfa, il ordonna évêque son disciple Consius. Il fit entendre sa prédication dans l'ancienne Nakhitchévan et dans plusieurs provinces de l'Asie Mineure, où habitaient des Arméniens. Enfin il vint à la cour du roi Sanadroug, à Nisibe, y raviva la lumière du christianisme, et fit beaucoup de prosélytes, entre autres la sœur du roi, Okohé. Sanadroug le fit crucifier et décapiter. Sa mort eut lieu dix-huit ans après celle de saint Thaddée, l'an 68. Il est parlé du séjour de saint Barthélemi en Arménie, par les auteurs arméniens et grecs, ainsi que dans les *Actes des Saints*, par les Bollandistes.

L'apôtre saint Jude, frère de saint Jacques, visita l'Arménie vers l'an 60, et y rencontra saint Barthélemi dans la ville d'Artaxate. Saint Jude y conquit aussi beaucoup d'âmes à Jésus-Christ, consacra des évêques et des prêtres, et leur laissa des préceptes par écrit. Il fut crucifié en 72, à Ormi, dans la grande Arménie, ville nommée aujourd'hui Ourmié.

Dans les Martyrologes grec et arménien, il est question pareillement de l'apôtre saint Thomas comme ayant étendu ses courses apostoliques en

Asie, et entre autres contrées, en Arménie. Ces quatre premiers fondateurs du christianisme en Arménie, à la fin du premier siècle, eurent pour successeurs immédiats leurs disciples Elisée, Amphilochius, Urbain, Nersès, Apelle et Aristobule.

Les évêques arméniens qui vinrent après eux déployèrent un zèle non moins ardent pour régénérer ce pays. Ils fondèrent des églises, réglèrent l'ordre des prières, et décidèrent que la sainte eucharistie ne pourrait plus être donnée aux fidèles que par les évêques ou les prêtres. Les chrétiens avaient cependant à lutter contre les persécutions de quelques souverains idolâtres ou apostats, comme Sanadroug.

Moïse de Khoren, dans son histoire d'Arménie, raconte qu'en 107 de J. C., cinq disciples de saint Thaddée furent martyrisés, et qu'en 130 il y eut dix-sept martyrs dans la grande Arménie. Ces martyrs sont connus sous le nom de *Soukiassians*, du nom de leur chef, qui s'appelait Soukias. Le nombre des chrétiens était si considérable, que sous le règne de l'empereur Adrien on en compta plus de 10,000, qui furent crucifiés sur le mont Ararat, et qui pour la plupart étaient Arméniens.

Vers le commencement du troisième siècle, le roi d'Arménie Khosroës Ier ordonna de mettre à mort les chrétiens, dans le but d'éviter les discordes dans son royaume. Plus tard, le roi Tiridate, avant de se convertir à la foi chrétienne, rendit un semblable édit. Ces persécutions n'ébranlèrent pas cependant la constance des évêques et des prêtres arméniens, fidèles à observer, pour les dogmes, le culte et les prières, tout ce que leur prescrivait l'Eglise-mère de Jérusalem, dont l'Eglise d'Arménie peut à juste titre se nommer la fille, comme celle des Grecs. L'Eglise d'Arménie, pendant cette période, était unie à celle de Jérusalem et à l'Eglise grecque; et la paix régnait en tous lieux. Plusieurs évêques arméniens furent ordonnés par les évêques grecs ou ceux de Jérusalem. Le service divin, chez les Arméniens, se faisait, en grande partie, en langue grecque, car alors leur alphabet n'était pas inventé, et ils avaient de commun avec les Crecs quelques livres de prières et leur Nouveau Testament. Mais, dans les relations politiques et officielles avec les États voisins, ils employaient les lettres perses. La hiérarchie du clergé arménien n'avait que trois degrés : l'épiscopat, le sacerdoce et le diaconat. Chaque évêque était indépendant dans son diocèse, et tous avaient un rang égal.

II.

Propagation et établissement définitif du Christianisme dans l'Arménie entière.

Le quatrième siècle ouvre la seconde période de l'Eglise arménienne, période qui comprend un espace de cent quatre-vingt-dix ans, de 302 à 491, c'est-à-dire depuis saint Grégoire, surnommé l'*Illuminateur,* jusqu'au patriarche Papguên. Pendant ce laps de temps, cette Eglise professa une conformité parfaite de dogmes et de discipline avec l'Eglise grecque, et se maintint en communion avec elle, ou plutôt ces deux Eglises n'en formaient qu'une seule, tout en conservant leur indépendance vis-à-vis l'une de l'autre. Un des plus illustres apôtres de la foi du Christ en Arménie fut le martyr saint Grégoire l'Illuminateur. Ce pays était à cette époque gouverné par Tiridate, ce prince qui se fit le persécuteur de saint Grégoire, mais qui plus tard devint son disciple, et, se rangeant sous la bannière du Christ, même avant les empereurs romains, a la gloire d'être compté comme le premier monarque chrétien. L'histoire de saint Grégoire, dès son enfance et dans le cours des immenses travaux qu'il accomplit pendant son pontificat, nous montre que lui et Tiridate étaient marqués du doigt de Dieu, et

prédestinés à l'œuvre providentielle de la conversion de l'Arménie à la vraie foi.

Grégoire était Arsacide d'origine et issu des rois parthes. Il eut pour père Anak, de la branche Sourên Bahlay, lequel assassina à la chasse Khosroës, roi d'Arménie, à l'instigation d'Ardaschir Ier, roi de Perse, qui convoitait la possession de l'Arménie. Khosroës, en rendant le dernier soupir, ordonna de mettre à mort Anak et toute sa famille. Grégoire, échappé à ce massacre, fut emmené, âgé seulement de deux ans, par le frère de sa nourrice, nommé Euthalius, à Césarée de Cappadoce, où il fut recueilli dans la demeure de ce dernier. Élevé dans les croyances et les pratiques de l'Evangile, par les parents de sa nourrice, il grandit et épousa la fille d'un prince arménien. De cette union naquirent deux fils, Verthanès et Aristacès. Plus tard les deux époux se séparèrent d'un commun accord, pour se vouer tout entiers à Dieu, et Grégoire se rendit en Arménie, afin d'y annoncer les vérités du christianisme, et réparer, par sa conduite, le crime de son père Anak.

Comme saint Grégoire, Tiridate, fils de Khosroës, vit son enfance entourée d'ennemis et exposée aux plus grands dangers. Après la mort de Khosroës, le roi de Perse Ardaschir, qui s'était emparé du trône d'Arménie, voulut faire périr Tiridate, mais ce jeune prince fut sauvé et conduit à Rome, où il fut élevé dans le palais des Césars.

Lorsque saint Grégoire arriva en Arménie, à Valarsabad, ville qui était la résidence des rois, il trouva Tiridate sur le trône, où il avait été replacé par Dioclétien. Un jour que Tiridate offrait un sacrifice à l'une des principales divinités de l'Arménie, il remarqua un des assistants qui ne prenait point part à cette solennité. C'était Grégoire. Il le fit approcher et lui commanda de sacrifier. Chrétien, Grégoire refusa; alors le roi lui fit infliger des tourments inimaginables[1]. Après ces tortures, que Grégoire supporta avec une force surhumaine, il fut jeté dans une fosse profonde, où il demeura enfermé plusieurs années, oublié de tous; seule, une pauvre veuve venait lui jeter, chaque jour, un morceau de pain. Une circonstance qui fit éclater la cruauté de Tiridate sauva saint Grégoire. A Rome vivait une jeune fille, nommée Ripsimé, avec plusieurs de ses compagnes, toutes chrétiennes comme elle. Dioclétien, ayant vu Ripsimé, s'enflamma de sa beauté et voulut l'épouser, mais elle parvint à s'enfuir de Rome avec sa nourrice, Gaïané, et ses compagnes, et vint se fixer dans la capitale de l'Arménie, Valarsabad. Ayant découvert sa retraite, Dioclétien envoya dire à Tiridate de la lui renvoyer, ou bien de la prendre luimême pour femme. Tiridate, séduit à son tour par

[1] D'après Agathange, secrétaire de Tiridate, et Grec de nation. Son ouvrage nous est parvenu en arménien et en grec.

les attraits de Ripsimé, voulut l'épouser; mais la jeune fille repoussant ses sollicitations, Tiridate furieux la livra, ainsi que ses compagnes, aux bourreaux. Elles furent mises à mort, après avoir enduré les plus atroces tortures. En punition de ce nouveau crime, Tiridate et ses courtisans furent frappés d'un châtiment d'en haut; pareils à Nabuchodonosor, ils perdirent la raison et devinrent semblables à des animaux immondes. Dans ce temps-là, Khosrovitoukhd, la sœur du roi, vivait au fond d'une retraite. Dans une vision, elle entendit la voix d'un ange qui lui disait que Grégoire pouvait seul guérir son frère. On envoya retirer le saint de la fosse, où on le trouva vivant et plein de santé. « Je vis, soutenu par mon Seigneur, » dit-il. Il rendit la raison à Tiridate, et ce prince, pénétré subitement par l'esprit de vérité, tomba aux pieds de l'apôtre. Saint Grégoire lui promit le pardon du Ciel, et lui fit cette question : « Où sont les agneaux « de Dieu? » Les reliques des saintes filles lui ayant été montrées, il les recueillit, les réunit toutes ensemble, et, les ayant ensevelies, il passa la nuit en prières sur leur tombeau. Alors il vit le ciel s'entr'ouvrir, et un rayon de lumière descendre, précédé d'une nuée d'anges. Derrière eux paraissait une figure humaine, tenant à la main un marteau d'or. Cette vision se porta dans la direction de Valarsabad. Aussitôt après, le marteau frappa le sol qui s'entr'ouvrit, les montagnes tremblèrent, et des entrailles de la terre sortit une clameur effroyable de l'enfer. Puis, non loin du palais, s'éleva un piédestal d'or, en forme d'autel, d'où s'élançait une colonne de feu surmontée d'un dôme de nuages sur lequel brillait une croix. Une fontaine d'eau vive coulait sous l'autel, et arrosait une grande étendue de terrain. Tout autour de cet édifice étaient quatre colonnes, dont trois s'élevaient au-dessus des ossements des saintes martyres. Au-dessus de tout cet ensemble resplendissait une lueur en forme de croix. Un ange se montrant à Grégoire lui expliqua cette vision : « La figure humaine, lui dit-il, est le « Seigneur ; l'édifice surmonté d'une croix signifie « l'Eglise universelle, placée sous l'égide de la croix, « car c'est sur la croix qu'est mort le Fils de Dieu. « Ce lieu doit devenir le lieu de la prière. La co- « lonne de feu et la fontaine expriment le baptême « divin qui découle de l'Eglise universelle pour la « régénération de l'humanité. Prosterne-toi, ajouta- « t-il, devant la vision miraculeuse que Dieu t'a « manifestée, et élève ici une église. » L'endroit où saint Grégoire eut cette vision reçut le nom de *Schoghagath,* mot qui signifie *diffusion de lumière,* et plus tard le monastère bâti sur ce même emplacement fut appelé Edchmiadzïn, c'est-à-dire, *descente du Fils unique.* C'est ainsi que se nomme encore aujourd'hui ce monastère, qui est le siége principal de l'Eglise arménienne.

Le roi vint le lendemain avec toute sa cour trouver saint Grégoire, qui lui raconta sa vision. Celui-ci érigea une croix sur l'emplacement où lui était apparu l'autel, et déposa les reliques des saintes martyres à l'endroit même où il avait aperçu les trois colonnes de feu ; puis, aidé de toute la population de la ville et du roi lui-même, il jeta les fondements de l'église d'Edchmiadzïn et des trois autres églises qui s'élèvent aujourd'hui dans le voisinage, et qui sont sous l'invocation des saintes Ripsimé et Gaïané, ou sous le nom de Schoghagath. Quand ces reliques eurent été renfermées dans des tombeaux en pierre, sous les fondements des trois églises, Tiridate se prosterna encore une fois aux pieds de saint Grégoire, qui lui promit de nouveau le pardon de Dieu. Saint Grégoire donna particulièrement ses soins à la construction de l'église principale. Le roi et la cour le choisirent pour leur pasteur et l'envoyèrent recevoir l'ordination épiscopale à Césarée, où siégeait l'évêque grec Léonce [1]. Il partit monté sur le

[1] Les historiens arméniens montrent clairement que c'est l'évêque Léonce qui donna la consécration épiscopale à saint Grégoire, et c'est d'autant plus probable, que l'Eglise d'Arménie n'avait alors aucune relation avec l'Eglise occidentale. Il existe cependant une ancienne tradition qui nous apprend que saint Grégoire fit le voyage de Rome avec le roi Tiridate, et que le pape saint Sylvestre lui conféra la dignité de patriarche ou catholicos d'Orient, en lui remettant l'anneau épiscopal et la mitre. Cette tradition a fait croire

char du roi, entouré de gardes et chargé de présents pour les églises grecques des environs. Il parvint ainsi à Césarée, où s'était déjà répandu le bruit des souffrances qu'il avait endurées pour la foi et de la conversion de tout un peuple, opérée à sa voix. L'évêque Léonce, après lui avoir conféré l'épiscopat, lui donna les reliques de saint Jean-Baptiste et d'Athanaginès. Partout, sur son passage, Grégoire renversait les temples et les images des faux dieux; auprès des monts de Taron, il détruisit la fameuse idole d'Aphrodite, et dans ce lieu même baptisa plus de 20,000 Arméniens; il y posa les fondements d'une église, sous l'invocation de saint Jean-Baptiste. Cette église existe encore à présent, non loin de la ville de Mousch. De son côté, Tiridate vint au-devant de saint Grégoire, et l'attendit sur les bords de l'Euphrate, où le monarque reçut le baptême. La réception du sacrement qui le faisait chrétien fut précédée d'un jeûne de quelques jours, que Tiridate dut observer, et que l'Eglise arménienne a toujours maintenu en mémoire du triomphe du christianisme en Arménie. Dès lors, le roi Tiridate devint un des plus solides soutiens du christianisme, et aida saint Grégoire de toutes ses forces dans l'achèvement de l'église d'Edchmiadzïn. C'est là que depuis l'an 301 ou 302 est institué le siége patriarcal du *catholicos*, ou chef de l'Eglise

à quelques personnes que c'est saint Sylvestre qui a ordonné évêque saint Grégoire.

arménienne. Quinze cent cinquante-quatre ans se sont écoulés depuis lors, et cette église, berceau du christianisme arménien, a résisté au temps, et, chose remarquable, est restée debout, malgré les fréquentes guerres qu'eut à soutenir l'Arménie contre les Perses et autres peuples barbares, tandis que la capitale du roi Tiridate, la ville de Valarsabad, n'est plus qu'un simple village, aujourd'hui à demi ruiné. Edchmiadzïn a été restauré plusieurs fois par différents patriarches. La bibliothèque de ce couvent était jadis célèbre par le grand nombre de livres rares qu'elle renfermait. Elle n'en contient maintenant qu'environ dix-sept ou dix-huit cents, qui sont en majeure partie des manuscrits arméniens. Parmi les objets remarquables que l'on y possède se trouvent de précieuses reliques, et, entre autres : les mains de saint Thaddée, la dextre de saint Grégoire l'Illuminateur, la main d'Aristacès, son fils, et celle de saint Jacques de Nisibe, qui apporta au couvent les fragments de l'arche de Noé, présent que lui fit l'ange qui lui apparut en songe, lorsque Jacques s'arrêta, épuisé de fatigue, en gravissant le mont Ararat ; une grande croix, qui renferme un morceau du vrai bois sur lequel fut crucifié Jésus-Christ, et que le roi Tiridate reçut de Constantin le Grand ; la lance avec laquelle fut percé le côté du Sauveur, apportée en Arménie par l'apôtre Thaddée, et sur laquelle il grava une croix ; le chef de sainte Ripsimé ; la tiare que le pape Luce III envoya au couvent, en 1184, et que les patriarches et les évêques arméniens adoptèrent en place de la mitre grecque. Il faut savoir cependant que la mitre grecque s'est conservée dans l'Eglise arménienne pour les archimandrites et les prêtres. Pendant la célébration de la messe, ils doivent la porter sur la tête, comme emblème du heaume spirituel et comme insigne sacerdotal. Le couvent possède encore un voile et une crosse, envoyés par le pape Innocent II ; le voile sert pour les patriarches, au moment où ils reçoivent l'onction sacrée, lors de leur installation. Les Arméniens disent que cet ornement rappelle le voile qui était placé sur la tête de Moïse. On conserve aussi à Edchmiadzïn la chaire que le pape Innocent XI envoya au patriarche Jacques.

Saint Grégoire fonda un grand nombre d'évêchés en Arménie, en attribuant à celui d'Edchmiadzïn la suprématie sur tous les autres. Ayant appelé à ces siéges plusieurs évêques et prêtres grecs, cette circonstance resserra l'alliance qui existait déjà entre l'Arménie et l'Eglise grecque. En 325 il envoya au concile de Nicée son fils Aristacès, qu'il avait sacré évêque. Saint Grégoire ayant adopté la discipline et les cérémonies décrétées par ce concile, ainsi que son symbole de foi, que confesse jusqu'à présent l'Eglise d'Arménie, et les ayant introduits parmi les populations dont il était le premier pasteur, saint Grégoire voyant son œuvre assurée désormais, et la vraie foi triomphante, se retira dans les solitudes du mont Sébouh, où il finit ses jours. Il avait gouverné l'Eglise arménienne pendant trente ans. Son corps, trouvé par des pâtres qui erraient dans ces solitudes, fut enseveli par eux sans qu'ils le connussent. Plus tard un solitaire eut une vision qui lui fit découvrir ce corps, resté jusqu'alors intact; il le fit enterrer dans un village nommé Thortan, où s'élève maintenant un couvent. Sous l'empereur grec Zénon, les reliques du saint apôtre furent encore déplacées, et apportées partie à Constantinople et en Italie, et partie en divers lieux de l'Arménie. Aujourd'hui sa tête se trouve en Italie et sa main gauche à Sis, où résident un patriarche et un évêque arméniens. Sa main droite est conservée à Edchmiadzïn, où elle sert à consacrer les patriarches, ainsi que le saint chrême ou myron, μύρον. Le fils puîné de saint Grégoire, Aristacès, lui succéda sur le siége pontifical, qu'il occupa sept ans. Après la mort d'Aristacès, son frère aîné, Verthanès, ordonné aussi évêque par saint Grégoire, hérita de leur siége comme de leurs vertus.

Quoique la majorité du peuple arménien, depuis saint Grégoire l'Illuminateur, eût adopté la croyance de l'Evangile, il y avait cependant des provinces, sous la domination de rois idolâtres, où le christianisme fournit plus d'un martyr. C'est ainsi que Nicopolis, ville d'Arménie, compta quarante-cinq chrétiens qui donnèrent leur vie pour la foi, et dont les plus célèbres sont : Léon, Maurice, Daniel, Antoine et Alexandre, lesquels furent mis à mort par ordre du gouverneur de Nicopolis, et sainte Olympiade, femme d'Arsace, roi d'Arménie.

Le cinquième siècle produisit aussi des hommes d'un mérite éminent et d'une haute piété, entre autres saint Jacques de Nisibe, qui était Parthe d'origine et cousin de saint Grégoire l'Illuminateur.

En 403, l'illustre archimandrite Mesrob inventa l'alphabet arménien, et, avec plusieurs de ses disciples, et le patriarche saint Isaac traduisit du grec la Bible. Cette version l'emporte par son antiquité, par l'exactitude et l'élégante simplicité du style, sur toutes les autres versions orientales, et doit être placée au premier rang. Golius, Hottinger, Piques, Pierre Lebrun et Lacroze en ont montré suffisamment l'excellence. Les disciples de saint Mesrob traduisirent aussi les œuvres de saint Basile, saint Athanase le Grand, saint Cyrille, saint Jean Chrysostome et autres Pères, ainsi qu'une partie des livres liturgiques grecs.

En 430, saint Mesrob aida le patriarche saint Isaac à reviser la liturgie de la messe qu'avait traduite saint Grégoire ; tous deux y ajoutèrent beaucoup de prières, d'après les Pères de l'Eglise grecque. Depuis cette époque, la liturgie arménienne prit la forme qu'elle a aujourd'hui, et qui s'est conservée jusqu'à nous, pendant quatorze siècles.

Les évêques d'Arménie, qui s'efforçaient d'imprimer au christianisme le sceau de l'orthodoxie, et qui craignaient les erreurs dans la foi, se réglaient sur l'Eglise de Jérusalem. C'est ainsi que saint Verthanès, fils de saint Grégoire l'Illuminateur, écrivit, en 340, au patriarche de cette ville, Macaire, et lui demanda des instructions relativement aux formes du culte et à l'administration de la sainte eucharistie. Ayant reçu la réponse de Macaire, il se conforma, avec la soumission la plus respectueuse, aux préceptes de l'Eglise-mère de Jérusalem.

Saint Nersès Ier fut le premier évêque d'Edchmiadzïn qui prit le titre de patriarche et de catholicos de toute l'Arménie. En 381 il assista au deuxième concile œcuménique, premier de Constantinople. Il porta la parole dans les différentes sessions de cette assemblée, et accepta, au nom de son Eglise, tous les décrets qu'elle rendit.

Quand le troisième concile œcuménique, celui d'Ephèse, se réunit, en 431, pour condamner les erreurs de Nestorius, l'empereur Théodose II engagea le patriarche d'Arménie, saint Isaac, à venir y assister. L'Arménie étant alors en guerre avec les Perses, le patriarche ne put déférer à cette invitation. En butte aux persécutions du roi de Perse, Azguerd ou Yezdedjerd, il fut enfermé dans une prison ; mais le patriarche de Constantinople, Maximien, et les évêques Proclus de Cyzique, qui succéda un peu plus tard à Maximien, et Acace de Mélitène, envoyèrent à saint Isaac, par ses disciples Léon, Jean, Joseph et Corioun, qui se trouvaient à Constantinople, les décisions du concile d'Ephèse, et communication de l'anathème lancé contre Nestorius.

Saint Isaac, rendu à la liberté, convoqua, en 432, les évêques arméniens, et leur fit part de la lettre du patriarche grec ; il leur expliqua le but du concile d'Ephèse, adopta, de concert avec eux, ses décisions, et prononça, au nom de l'Eglise d'Arménie, l'anathème contre Nestorius, Théodore de Mopsueste et Diodore de Tarse. Saint Isaac envoya les actes de cette assemblée au patriarche grec Proclus, afin de lui prouver que les Arméniens, n'ayant pu, à cause des troubles auxquels était livré leur pays, être présents au concile d'Ephèse, acquiesçaient aux doctrines de cette sainte assemblée. Il lui adressa aussi une exposition des dogmes de l'Eglise arménienne, que Proclus trouva orthodoxe et en tout conforme à celle des Grecs. La copie de la lettre de Proclus au patriarche arménien saint Isaac a été publiée en grec et en latin par Mansi, t. V de sa *Collection des conciles*. Celle de saint Isaac à Proclus, qui fut lue au cinquième concile œcuménique, le deuxième de Constantinople, est rapportée dans le même ouvrage de Mansi, t. IX.

En 451, lors du concile de Chalcédoine, l'Arménie était de nouveau en guerre avec les Perses. Le sang de ses enfants, et, en premier lieu, celui du patriarche Joseph, coula pour la religion.

Ayant conçu des doutes à l'égard de ce concile, ils crurent devoir décliner son autorité. Comme ils avaient été empêchés d'y assister par la guerre qu'ils soutenaient contre le roi de Perse Azguerd (Yezdedjerd), les partisans d'Eutychès et de Dioscore, patriarche d'Alexandrie, anathématisés par le concile de Chalcédoine, firent courir des bruits mensongers sur l'orthodoxie de la foi de ce concile ; ils prétendirent notamment qu'il était retombé de l'erreur d'Eutychès dans celle de Nestorius, et qu'il avait distingué en Jésus-Christ deux personnes différentes.

Ces bruits calomnieux prirent aux yeux des évêques d'Arménie encore plus de consistance, quand ils eurent la certitude que le concile avait négligé d'examiner les ouvrages des trois évêques syriens, adeptes de Nestorius, Théodore de Mopsueste, Ibas d'Edesse et Théodoret de Cyr, et n'avait pas prononcé l'anathème contre ces hérésiarques condamnés par les Arméniens peu de temps avant ce concile. A ces causes s'en joignirent d'autres, plus ou moins graves, pour indisposer les Arméniens et les éloigner de la foi de Chalcédoine.

La lettre du pape Léon Ier à Flavien sur la doctrine de cette assemblée avait été mal traduite dans leur langue. D'ailleurs les canons et les décisions des conciles, à une époque où l'art typographique n'existait pas, étaient le plus souvent transcrits par des mains inhabiles ou malveillantes, qui altéraient par des omissions, soit involontaires, soit faites à dessein, le sens des expressions et des phrases. Ainsi, dans la lettre du pape Léon Ier, il était dit d'une manière très-orthodoxe que Jésus-Christ avait deux natures, dont *l'une* opérait les miracles, et *l'autre* était sujette aux souffrances de l'humanité. Le traducteur rendit les mots *l'une* et *l'autre* par l'expression arménienne *womn iev womn*, expression qui, d'après le génie de la langue à laquelle elle appartient, ne peut s'appliquer qu'à une personne animée, à un individu, et signifie *l'un et l'autre* dans l'acception de *quelqu'un*. Le sens de la lettre dans laquelle *l'une* et *l'autre* se rapportaient aux deux natures du Christ, était, par conséquent, altéré dans la version par le mot *womn* ; l'expression *l'une et l'autre* semblait relative non aux natures, mais à la personne du Christ, et le mot *womn*, répété deux fois, avait donné lieu aux Arméniens de croire qu'il était question de deux personnes ou hypostases différentes. Ainsi, la lettre du pape Léon ayant été reconnue par les Pères de Chalcédoine comme orthodoxe et conforme à la véritable définition du concile, les évêques arméniens crurent que ce concile était revenu aux erreurs de Nestorius, tout en condamnant celles d'Eutychès. Depuis lors, ils disaient, en exposant leur croyance à l'égard du Christ, et en faisant allusion à la lettre du pape Léon, regardée par eux comme entachée d'erreur, à cause de la confusion occasionnée par une traduction inexacte, « que Jésus-Christ n'était pas

« *quelqu'un* (*womn*) de divin et de tout-puissant, et « un autre *quelqu'un* (*womn*) sujet aux souffrances, « mais qu'il était une seule et même personne ; *un* « enfin, ayant deux natures, l'une divine, et l'autre « humaine, par unité de personne et non par confu- « sion de substances. » Ces motifs, en quelque sorte dogmatiques, qui firent rejeter aux Arméniens le concile de Chalcédoine, furent corroborés par des motifs d'un genre différent et purement extérieurs, et entre autres par les discordes des Grecs eux-mêmes, relativement aux doctrines de cette assemblée, discordes qui durèrent de longues années ; au point que les empereurs Basilisque, en 475, et Zénon, auteur de l'*Hénoticon*, en 476, non-seulement réprouvèrent le concile de Chalcédoine, mais même défendirent d'en parler, afin de faire cesser les troubles en Orient.

Disons encore que la langue arménienne, alors peu travaillée, n'avait pas la faculté d'exprimer avec précision et netteté les abstractions de la théologie grecque, et donnait souvent un sens contraire à la pensée qu'il s'agissait de rendre, et sur l'intelligence de laquelle reposait cependant l'entente des différentes communautés chrétiennes. Les mots grecs *physis*, *ousia* et *hypostase*, c'est-à-dire, *nature*, *substance* et *personne* ne pouvaient pas être rigoureusement traduits dans la langue arménienne, où souvent l'expression *hypostase* ou *personne* était confondue avec l'idée de *physis* ou *nature*. Ainsi, lorsque les Grecs disaient que Jésus-Christ avait *deux natures*, les Arméniens croyaient que cette définition impliquait la coexistence de *deux personnes*, idée qu'ils rejetaient bien loin ; et eux-mêmes, voulant, dans leur langue, prouver leur orthodoxie, en tout conforme à la foi de Chalcédoine, et exprimer qu'il y avait en Jésus-Christ une *seule et unique personne* (*hypostase*), disaient une *seule et unique nature* ou *essence*, expression qui leur attirait les censures des Grecs.

Plus tard, une circonstance non moins grave que les précédentes vint fortifier les Arméniens dans leur opposition au concile de Chalcédoine. Quelques évêques grecs et syriens, s'étant rassemblés à Edesse en 482, rejetèrent solennellement ce concile. Cette nouvelle décision rendue par des évêques grecs, dont la plupart avaient peut-être assisté au concile de Chalcédoine, et qui s'en détachèrent, n'était-elle pas suffisante par elle-même pour raviver de plus en plus et perpétuer les défiances et les doutes de l'Eglise d'Arménie contre l'orthodoxie du concile qu'elle craignait d'admettre ?

Le patriarche arménien Papguèn, dans une réunion particulière d'évêques de sa nation en 491, anathématisa de nouveau les nestoriens Barsouma et Acace, ainsi que les adeptes d'Eutychès, et se déclara contre le concile de Chalcédoine, mais sans entrer dans l'examen des décisions de ce concile. Ce fut donc une simple confusion de mots qui amena la séparation des deux Eglises grecque et arménienne. C'est à partir du concile arménien que présida le patriarche Papguên que commence la troisième période de l'Eglise arménienne, depuis l'année 491 jusqu'en 1175, période qui peut être nommée celle de la prétendue division de l'Eglise d'Arménie avec celle des Grecs [1].

Le cinquième concile œcuménique, deuxième de Constantinople, tenu en 553, s'occupa, dès les premières sessions, de l'examen des ouvrages des nestoriens Théodore de Mopsueste, Théodoret de Cyr et Ibas d'Edesse, déjà anathématisés par les Arméniens, comme nous l'avons dit précédemment. Il n'y eut aucun évêque arménien à ce cinquième concile; mais, comme preuve de paix et de bienveillance envers l'Eglise d'Arménie, on y lut la lettre que le patriarche Isaac avait écrite en 435 après le concile d'Edesse au patriarche de Constantinople Proclus, et où saint Isaac, approuvant le concile d'Edesse, mandait à Proclus qu'il avait frappé d'anathème Théodore de Mopsueste, Théodoret de Cyr et Ibas d'Edesse. La lecture de cette lettre avait deux buts : 1° de justifier les Arméniens de leur absence du concile, et de montrer qu'ils s'étaient déjà occupés depuis un siècle des ouvrages des trois évêques hérésiarques précités ; 2° de prouver

[1] Le concile de Chalcédoine fut reconnu par le patriarche Esdras en 623, et par le patriarche Zacharie en 862, comme on le voit dans l'histoire d'Arménie.

qu'ayant condamné les disciples de Nestorius, ils n'étaient pas nestoriens eux-mêmes, et, par conséquent, pouvaient se dispenser de se rendre au concile, sans que cette absence dût leur être imputée comme un acte d'opposition.

Au sixième concile œcuménique, troisième de Constantinople, en 680, il se trouva quatre évêques arméniens, Théodore, Georges, Grégoire et Jean. Quoique ce fait soit révoqué en doute par quelques historiens arméniens, il est constant, néanmoins, que les décrets de ce concile sont conformes à la foi de l'Eglise arménienne.

Le septième concile œcuménique, deuxième de Nicée, en 788, compta dans son sein trois évêques arméniens : Etienne, Vartan et Basile, et deux archimandrites, Vahan et Vartan, qui approuvèrent l'adoration des saintes images, usage qui s'est pieusement perpétué jusqu'à nos jours dans l'Eglise arménienne.

De ces sept conciles, il n'y en a donc qu'un seul que l'Eglise arménienne n'ait pas reconnu *de fait*, celui de Chalcédoine ; car dogmatiquement elle admit la profession de foi de ce concile, qui est, au fond, la même que celle de l'Eglise d'Arménie. Quant aux cinquième, sixième et septième, non reconnus aussi *de fait* par cette même Eglise, on ne saurait dire qu'elle ne les accepta pas réellement, puisque la doctrine qu'ils proclamèrent est en tout semblable à la sienne. S'il est vrai que les

Arméniens n'assistèrent pas à ces assemblées, c'est parce que les relations étaient interrompues entre eux et les Grecs depuis le quatrième concile, et d'ailleurs il n'ont jamais protesté contre les décisions qu'elles ont rendues[1].

Comme preuve palpable que l'Eglise arménienne orientale ne partagea jamais l'erreur d'Eutychès, malgré la confusion des mots sur les natures et la personne de Jésus-Christ, et qu'elle s'était prémunie contre cette erreur, bien avant l'hérésie d'Eutychès, on peut citer la prière que prononce le prêtre dans la liturgie de la messe, avant la consécration. Pendant que le chœur chante : « Saint, « saint, saint, etc., » le prêtre récite une longue oraison, dans laquelle il dit, entre autre choses : « Car « lui (Dieu le Fils), devenu homme véritablement « et non en figure, prit un corps dans le sein de la « sainte Vierge Marie, par une union ineffable et « exempte de confusion, etc. »

Un des versets du cantique que l'Eglise d'Arménie adresse à la lance sacrée qui a percé le côté du

[1] Les historiens arméniens ne sont pas tous d'accord sur le fait de la présence ou de l'absence des évêques de leur nation aux trois derniers conciles œcuméniques; plusieurs affirment que les Arméniens y assistèrent et en approuvèrent les décrets. Le catholicos Jean, en 1847, dans sa lettre à S. M. l'empereur de toutes les Russies, reconnaît solennellement, au nom de son Eglise, les trois premiers et les trois derniers conciles, et montre quelle est la véritable foi de l'Eglise arménienne.

Sauveur rend évidente la croyance des Arméniens aux *deux natures* unies et non confondues *en une seule personne* : « Réjouis-toi, fleur partout célébrée, « teinte du sang de Notre Seigneur Jésus-Christ, dé-« racinant tous les maux et les maladies du péché. « Par toi s'est manifesté le Crucifié, comme *homme* « et comme *Dieu*; véritablement mort, et vivant; « par toi a cru le centenier, et a été manifestée la « divinité de Jésus-Christ; que par toi nous puis-« sions célébrer Notre Seigneur Jésus-Christ, et l'af-« fermissement de l'Eglise ! »

L'Eglise arménienne a tenu quarante-cinq conciles particuliers, tous présidés par ses patriarches, et où l'on revisait sévèrement la croyance et la gestion de tous les évêques, afin de conserver l'unité et d'écarter les fausses doctrines et l'hérésie. Les plus célèbres de ces réunions sont :

Le concile que tint, en 455, le patriarche saint Isaac, pour reconnaître solennellement le troisième concile œcuménique, celui d'Ephèse, auquel ce patriarche n'avait pu assister lui-même, parce qu'i était alors retenu en prison par ordre du roi de Perse, Azguerd (Yezdedjerd).

Celui de 491, où le patriarche Papguên condamna les nestoriens Barsouma et Acace, ainsi que les eutychéens, et rejeta purement et simplement le concile de Chalcédoine [1].

[1] Voyez ce que nous avons dit plus haut du concile de Chalcédoine.

Le concile réuni par le patriarche Esdras à Théodosiopolis ou Garïn (Erzeroum), en 629, marque la première tentative qui fut faite par l'Eglise d'Arménie depuis 491, pour opérer sa réconciliation avec l'Eglise grecque. Esdras prouva à l'empereur Héraclius qu'il y avait identité de dogmes entre les deux nations, et que les Arméniens avaient de tout temps condamné Eutychès, comme Nestorius et tous les hérésiarques. L'empereur, de son côté, montra au patriarche que les Grecs étaient du même sentiment sur tous ces points; de plus, Esdras reconnut solennellement, dans son concile de Théodosiopolis, celui de Chalcédoine.

En 647, le patriarche Nersès III tint un concile à Touïn, et, de même que son prédécesseur, fit voir au petit-fils d'Héraclius, l'empereur Constantin II, qu'il y avait identité dans la foi des deux nations. Comme gage de paix, l'empereur, suivant quelques historiens, reçut la sainte Eucharistie des mains du patriarche, et, suivant d'autres, ce fut le patriarche lui-même qui communia à l'Eglise grecque.

Malgré les efforts de ces deux derniers conciles pour opérer la fusion des deux Eglises, la majorité des évêques arméniens persista dans son éloignement des Grecs. Fatale opiniâtreté, source d'une infinité de maux, non-seulement dans le domaine de la religion, mais aussi dans celui de la politique!

En 719 et 726 deux conciles eurent lieu par les soins du patriarche Jean, dit le Philosophe. Ce prélat, docte et pieux, tâcha de faire disparaître tout motif de haine et de dissension à l'égard de l'Eglise de Constantinople, et conserva dans la sienne le culte et les cérémonies grecs. Il ne fit pas mention du concile de Chalcédoine, mais il proclama cependant, au nom de son Eglise, *la ferme croyance qu'elle avait aux deux natures de Jésus-Christ*, et prononça l'anathème contre la secte des phantastiques, disciples de Julien d'Halicarnasse.

Le patriarche Jean, surnommé l'Historien, adversaire déclaré de l'Eglise grecque, rassembla les évêques arméniens en 847, au couvent d'Edchmiadzïn, condamna la doctrine des nestoriens et des eutychéens, et défendit toutes relations avec les communautés chrétiennes de l'Occident. L'inimitié qui animait les évêques arméniens contre ces dernières éclata à l'occasion des relations que le patriarche d'Arménie Zacharie entama avec celui de Constantinople, Photius. Ces relations prouvent en même temps combien l'Eglise arménienne tenait et a toujours tenu à son indépendance. L'excommunication lancée contre Photius, par le pape Nicolas Ier, fut regardée comme nulle par l'Eglise d'Arménie, car, en 862, Zacharie tint un concile afin de justifier auprès de Photius [1] l'orthodoxie de l'Eglise arménienne. Le patriarche de Nicée, député par

[1] Photius, exilé par l'empereur Léon le Philosophe, mourut dans un monastère d'Arménie en 891.

ce dernier, assista à ce concile et expliqua à Zacharie la foi que l'Eglise grecque avait professée à Chalcédoine. Zacharie et son concile, faisant acte d'adhésion, adoptèrent solennellement le concile de Chalcédoine, mais, toutefois, en ajoutant une clause où perce la méfiance invétérée du clergé arménien vis-à-vis des Grecs. Cette clause portait que ceux qui, dans leur conviction, trouvaient les dogmes de ce concile contraires aux traditions apostoliques et aux trois premiers conciles œcuméniques, et, par une coupable inconséquence, ne les rejetaient pas, attiraient sur leur tête l'anathème. Quant à ceux qui, convaincus de l'orthodoxie des pères de Chalcédoine, osaient, entraînés par un sentiment de partialité ou de haine, les calomnier ou les maudire, ceux-là se maudissaient eux-mêmes. Cette clause jeta du froid entre les patriarches Zacharie et Photius, et cependant elle était comme une rétractation des imputations proférées par les Arméniens contre le concile de Chalcédoine, et leur imposait, en quelque sorte, un frein pour les empêcher de se précipiter dans de nouvelles erreurs et de se livrer aux fausses préventions qu'ils entretenaient contre les décisions de cette assemblée, en tout conformes, d'ailleurs, aux dogmes de leur Eglise.

En 966, le catholicos Vahan, homme éclairé et désirant la paix des deux côtés, aidé par l'évêque de Mélitène, Théodore, rédigea une exposition des dogmes de l'Eglise arménienne, destinée au patriarche de Constantinople, Polyeucte ; celui-ci l'approuva et en reconnut l'orthodoxie.

Depuis 1160, l'Eglise grecque témoigna une extrême condescendance pour sa sœur cadette, l'Eglise d'Arménie. Les Grecs désiraient que les Arméniens se réunissent à eux, puisque les deux Eglises professaient les mêmes dogmes et n'avaient été séparées que par suite d'une simple confusion de mots. Cependant le besoin d'une entente commune se faisait sentir de plus en plus, afin de mettre un terme à des hostilités réciproques et d'arrêter les progrès que l'Eglise d'occident avait commencé à faire en Arménie. Les Arméniens reconnaissant les trois premiers conciles, étant d'accord avec les Grecs sur les trois derniers, en ce qui touche le dogme, professant au fond la foi de Chalcédoine, aussi bien que ceux-ci, continuaient néanmoins à nourrir des préventions qui, devenues moins vives, exigeaient, pour disparaître tout à fait, un rapprochement sincère. L'Eglise grecque le sentait parfaitement; mais blessée par la méfiance des évêques arméniens, il lui répugnait de faire les premières avances. Un hasard amena ce rapprochement désiré, et depuis 1160 jusqu'en 1179, époque du fameux concile arménien de Roum-Kalé [1], l'Eglise grecque ne cessa d'être en

[1] Cette forteresse servit de résidence aux catholicos ar-

rapport avec celle d'Arménie, malgré les guerres et les malheurs dont était accablé, à cette époque, ce dernier pays.

Le gendre de l'empereur Manuel, Alexis, voyageant en Arménie, eut occasion d'y connaître intimement le frère du patriarche Grégoire, Nersès, alors évêque, plus tard successeur de ce dernier sur le siége patriarcal, et si connu sous le nom de Schnorhali (le Gracieux). Alexis, en discutant avec Nersès, le pria de lui expliquer les différences qui séparaient les deux Eglises. Nersès répondit à cette invitation par un exposé clair et précis des dogmes fondamentaux de l'Eglise arménienne, principalement sur la question des deux natures en Jésus-Christ. Cet écrit éveilla dans l'esprit de l'empereur Manuel le vif désir d'entrer en communication directe avec l'Eglise d'Arménie, afin de rétablir l'union. Pour cela il adressa une lettre au patriarche Grégoire; mais lorsqu'elle arriva, Grégoire avait cessé de vivre et avait été remplacé par Nersès. Celui-ci répondit à l'empereur dans des termes tout à fait conformes à la croyance de l'Eglise grecque au sujet des deux natures en Jésus-Christ: « Un seul être et une seule personne de deux « substances dans le seul Jésus-Christ, sont réu- « nies d'une manière ineffable et sans se con-

méniens depuis 1147 jusqu'en 1293, époque à laquelle elle fut, prise par les Egyptiens.

« fondre. » Cette réponse si orthodoxe décida l'emdereur Manuel à poursuivre cette œuvre de paix et de réconciliation qu'il avait entreprise, et il envoya en Arménie le moine Théorien, philosophe et théologien consommé. Théorien entra en discussion avec Nersès sur les deux natures, et lui démontra que le concile de Chalcédoine n'était nullement retombé dans les idées hétérodoxes de Nestorius, qui faisait deux parts de la seule personne ou hypostase du Christ. Il lui expliqua aussi pourquoi saint Cyrille avait dit « une seule nature du « Verbe incarné, » en lui faisant voir par là que saint Cyrille ne prétendait pas que Jésus-Christ n'avait qu'une seule nature, mais, au contraire, que saint Cyrille se conformait aux paroles de l'Evangile : « le « Verbe se fit chair, » c'est-à-dire que la nature divine revêtit la nature humaine et devint chair ; et c'est pourquoi il n'est pas dit : « le Christ, » mais « le « Verbe » se fit chair ; que saint Cyrille, en disant « une seule nature du Verbe incarné, » se guidait sur les paroles d'Athanase le Grand, argumentant dans les mêmes termes contre l'hérésie d'Arius, lequel admettait une différence entre le Verbe incréé, appartenant à l'essence intime de Dieu le Père, et le Verbe qu'Arius prétendait avoir été créé, et qu'il admettait en Jésus-Christ.

Pour cela, Athanase, rejetant cette distinction, affirmait catégoriquement qu'il reconnaissait un seul être ou nature du Verbe fait chair. Nersès ne concevait pas pourquoi les Grecs supposaient que les Arméniens donnaient une fausse interprétation à l'expression de saint Cyrille : « Une seule nature « du Verbe incarné. » Mais les Arméniens disent *une seule nature*, c'est-à-dire *un être* et *l'unique personne de Jésus-Christ*, formé de deux natures ou substances, divine et humaine, réunies et non confondues dans l'unique Jésus-Christ.

Nersès, trouvant que les explications de Théorien sur ce point concordaient avec les doctrines de l'Eglise arménienne, et lui-même entendant, comme Théorien, le sens réel des expressions de saint Athanase et de saint Cyrille, et les raisons qui les avaient forcés de les employer, s'écria : « Maintenant, je puis être tranquille. » Comme un prélat syrien reprochait à Nersès de trop pencher du côté des Grecs, il répondit : « Ce n'est pas pour les « Grecs que je suis partial, mais je suis convaincu « de l'orthodoxie de ce qu'ils avancent, et je veux « coopérer à la réunion des deux Eglises. » Ayant comparé les dogmes du concile de Chalcédoine avec la doctrine des saints Pères, et particulièrement celle de saint Cyrille, que les Arméniens tenaient surtout en grande estime, il se convainquit que la croyance des Grecs y était conforme, et très-orthodoxe. « Je ne trouve rien de contraire à l'orthodoxie « dans la foi de Chalcédoine, dit-il à Théorien ; les « dogmes de ce concile me paraissent les mêmes « que les nôtres, et je ne sais pourquoi mes prédé-

« cesseurs s'en éloignaient avec tant de méfiance. » Théorien aborda ensuite la question des deux volontés en Jésus-Christ ; mais ils furent bientôt d'accord sur ce point, qui avait été discuté et adopté dans le sixième concile œcuménique, contre leque les Arméniens n'avaient jamais protesté, et don profession de foi était déjà la leur.

Quant à effacer du trisagion : « Dieu saint, Dieu « tout-puissant, Dieu éternel, ayez pitié de nous, » les mots *crucifié pour nous*, Nersès s'en défendit fortement, en montrant que l'Eglise d'Arménie ne pouvait consentir à ce retranchement, puisque cette hymne est adressée à Notre Seigneur Jésus-Christ. Comme confirmation de ce qu'il avançait, il prouva, par les livres liturgiques, que l'addition faite au trisagion changeait selon la solennité du jour ; qu'ainsi, à Noël, on chante : « Dieu saint, « Dieu tout-puissant, Dieu éternel, *qui nous appa-* « *rûtes*, ayez pitié de nous ; » qu'à la fête de la Purification, et le dimanche des Rameaux, on dit : *Qui es venu, et qui viendras;* le jeudi saint, *livré pour nous;* à la messe du samedi saint, *enseveli pour nous ;* le dimanche de Pâques, et pendant six semaines après, *ressuscité d'entre les morts ;* le jour de l'Ascension, *monté avec gloire vers le Père;* le jour de la Transfiguration, *apparu sur le mont Thabor;* le jour de l'Assomption, *venu pour la mort de ta mère, la sainte Vierge ;* que le jour de la Pentecôte, cette hymne est consacrée au Saint-Esprit seul, car on chante : « Dieu saint, Dieu tout-puis-« sant, Dieu éternel, *descendu sur les Apôtres*, ayez « pitié de nous. »

Nersès ajoutait qu'un retranchement fait à une hymne répétée par tout un peuple, sous cette forme, depuis des siècles, pourrait inspirer à ce peuple, d'ailleurs peu éclairé, de la méfiance contre sa propre Eglise, et l'en détacher. Telle était cependant la bonne volonté de Nersès pour obtenir l'union des deux Eglises, qu'il donna à comprendre à Théorien que si la paix dépendait du retranchement que celui-ci réclamait, il serait possible de le faire, puisqu'on redisait l'hymne trois fois dans la liturgie, et de l'adresser une fois en entier à Dieu le Père, sans addition; la seconde fois à Dieu le Fils, avec les mots ajoutés; et la troisième au Saint-Esprit, sans addition.

La discussion porta ensuite sur l'antique usage de l'Eglise arménienne de célébrer, le même jour, à la fois, la nativité de Jésus-Christ et son baptême. Nersès montra que cet usage était fondé sur un calcul des jours qui s'étaient écoulés entre la conception et la naissance du Sauveur, d'après le récit de l'évangéliste saint Luc. Ainsi finit la conférence de Théorien et de Nersès. Il est remarquable de constater qu'ils ne discutèrent pas sur l'emploi du pain sans levain, dans le sacrifice de la messe, chez les Arméniens, et sur l'usage où ils sont de ne point verser de l'eau dans le calice, tout en recevant la sainte eucharistie, comme les Grecs, sous les deux espèces. Les Arméniens sont fortement attachés à ces antiques traditions de leur Eglise. Ils affirment que, lors de la fête de Pâques, chez les Juifs, on ne préparait que des pains sans levain, et qu'il est de toute probabilité que Notre Seigneur n'en trouva pas d'autres, lorsqu'il fit la sainte Cène avec ses disciples. Quant à l'usage du vin sans mélange d'eau, ils se basent sur les paroles de l'Evangile, où il est dit que Jésus-Christ versa du vin pur dans le calice.

Nersès remit à Théorien deux lettres pour l'empereur : l'une confidentielle, par laquelle il lui témoignait son vif désir de voir le plus tôt possible l'union entre les Grecs et les Arméniens consommée, et reconnaissait que, dans la doctrine du concile de Chalcédoine, il n'y avait rien que de très-orthodoxe, et en tout conforme aux dogmes arméniens. Dans la lettre officielle, il répétait à l'empereur l'expression de son désir de l'union et de la paix, avec le maintien de quelques anciens usages de l'Eglise arménienne, qui ne touchaient pas à l'essence du dogme, mais qui étaient de pure discipline. Il faisait pressentir cependant la crainte de rencontrer de l'opposition de la part de son clergé et au sein d'une nation qui, par ignorance ou par une haine invétérée, s'était habituée à une si longue et si nuisible rupture. Il priait l'empereur de faire dire des prières pour obtenir de Dieu que ce projet d'union, auquel il s'était voué si volontiers, reçût un prompt et heureux accomplissement.

« Des malentendus et une confusion de mots, « écrivait ce saint patriarche, nous éloignent de « votre Eglise, et non point les dogmes. Les Armé- « niens jugent les Grecs d'après un petit nombre « d'entre eux qui habitent les bords de la mer Noire, « et qui sont partisans de Nestorius. Les Grecs, « de leur côté, ajoutant foi aux calomnies de ceux « d'entre eux qui ont quitté l'Arménie, nous comp- « tent pour des disciples d'Eutychès. Votre âme « chrétienne désire la paix des deux Eglises, au lieu « de voir se perpétuer une inimitié réciproque. « Nous sommes tellement disposés à vous seconder « dans cette bonne œuvre, que nous nous y consa- « crerions non-seulement vivants, mais même « morts, s'il nous était possible de ressusciter « comme Lazare, et que nous sortissions du tom- « beau, à votre voix. »

En faisant ses adieux à Théorien, Nersès l'embrassa en versant des larmes, et lui demanda instamment de prier l'empereur de charger le patriarche de Constantinople d'adresser à Dieu, dans la cathédrale, en habits pontificaux, et la croix à la main, des prières publiques pour le rétablissement de la bonne harmonie entre deux peuples, professant les mêmes dogmes et frères en Jésus-Christ, afin que les malédictions prononcées de part et d'autre depuis tant de siècles, non-seulement sur les vivants, mais aussi sur les morts, fussent effacées par une prompte et sincère réconciliation.

Théorien remit ces deux lettres à l'empereur, qui les communiqua au patriarche, et tous deux répondirent à Nersès. Dans leur lettre confidentielle, ils louaient l'orthodoxie du chef de l'Eglise arménienne, et l'assuraient de leur bienveillance; dans leur lettre officielle, ils lui disaient que son exposé des dogmes était irréprochable, mais qu'il devait les expliquer avec les mêmes termes et la même clarté qu'emploie l'Eglise grecque, afin d'éloigner toute fausse interprétation. Ils le priaient de prononcer, dans un concile, un anathème solennel contre Eutychès, Sévère et Dioscore, de reconnaître le quatrième concile œcuménique, de chanter le trisagion au nom de la sainte Trinité, et d'en rejeter par conséquent l'addition précitée, et, dans l'Eucharistie, de se conformer aux usages grecs, pour le pain et le vin.

Théorien rapporta ces propositions en Arménie, en 1172, avant que les évêques, qui devaient les discuter en concile, fussent rassemblés. En attendant leur arrivée, Nersès s'adressa aux évêques présents, qui firent éclater une vive opposition, et furent blessés des conditions impératives qui leur étaient imposées.

L'Eglise d'Arménie pouvait-elle les accepter après avoir été représentée aux trois premiers conciles œcuméniques, elle qui professait la foi des quatre derniers, et par cela même les avait pour ainsi dire tous acceptés? Car admettre les trois premiers et n'avoir pas protesté contre les trois derniers, et en même temps ne pas reconnaître le quatrième au moins en droit, était une chose logiquement impossible. Quoiqu'elle n'eût pas reçu le quatrième concile, par suite d'une prévention mal fondée contre l'orthodoxie des Pères de Chalcédoine, l'Eglise d'Arménie avait néanmoins condamné plusieurs fois, dans ses conciles particuliers, Eutychès, tout comme Arius, Nestorius et leurs adhérents. Or, formuler de nouveau un anathème comme condition de paix *sine quâ non*, n'était-ce pas confesser qu'elle avait partagé des erreurs qu'elle était forcée de désavouer? Ces conditions d'accommodement parurent donc trop dures aux Arméniens. Quant aux autres clauses, concernant le trisagion et la sainte Eucharistie célébrée avec du pain azyme et du vin sans mélange d'eau, Nersès et ses évêques ne voulurent faire aucun changement, ne voyant en cela aucune hérésie. A cette époque où les doctrines erronées soulevaient tant de discordes parmi les chrétiens, l'orthodoxie, que dans le dogme professait depuis bien des siècles l'Eglise arménienne, était le seul point essentiel, et non de simples cérémonies du culte.

Nersès fit donc savoir à l'empereur que, le concile n'étant pas encore réuni, il ne pouvait, par conséquent, lui donner une réponse ; mais il le priait en même temps de se montrer plus conciliant, et de ne pas s'attacher à la différence des cérémonies et des rites, qui ne constituent pas le fond de la religion.

Il n'était pas réservé au patriarche Nersès le Gracieux de voir se réaliser l'union des deux Eglises, but pour lequel il s'était donné tant de fatigues et de peines. Il mourut en 1173. Il est auteur de prières remplies d'onction et de piété, et d'hymnes qui se chantent aux différents offices de l'Eglise.

Son successeur, le patriarche Grégoire IV, informa l'empereur de son élévation au pontificat, et lui témoigna le désir de continuer les négociations commencées et conduites avec tant d'ardeur par Nersès. Il lui mandait en même temps qu'il n'avait point l'espoir que le concile voulût se soumettre aux conditions dictées par les Grecs; que ces conditions ne portaient pas sur des points dogmatiques et essentiels, et qu'elles ne faisaient que créer des obstacles à la réunion des deux Eglises; que plusieurs membres du concile arménien n'étaient pas suffisamment éclairés, et qu'il fallait encore les nourrir du lait des petits enfants. Ainsi, par égard pour eux, il conjurait l'empereur d'engager son clergé à se montrer moins exigeant et à omettre dans les conditions proposées tout ce qu'il y avait d'incompatible avec l'antique discipline de l'Eglise d'Arménie.

L'empereur lui répondit en termes bienveillants, et en l'assurant de son concours pour obtenir une conciliation réciproque.

Ce n'est qu'en 1179, six ans après la mort de Nersès, que s'assemblèrent dans la résidence patriarcale de Roum-Kalé, au nombre de trente-trois, les évêques principaux de l'Arménie. Plusieurs laïques des plus marquants, et les patriarches de Syrie et d'Albanie, se joignirent à eux. D'après les historiens grecs, toutes les conditions imposées du vivant de saint Nersès par le clergé grec furent discutées à Roum-Kalé, et, par l'influence de saint Nersès, archevêque de Lambron, toutes acceptées.

Les auteurs arméniens font un autre récit. Quoi qu'il en soit, il est certain que Nersès de Lambron y parla dans un but de conciliation. « Si nous voulons nous juger impartialement, dit-il, pourquoi sommes-nous séparés des Grecs et avons-nous raison de l'être? Nous disons que le Christ fut Dieu et homme, et les Grecs disent que Jésus-Christ eut deux natures. Les deux partis rendent donc la même chose avec des expressions différentes. N'avons-nous pas l'exemple de nos saints prédécesseurs, les patriarches Jean le Philosophe et Esdras, celui de Grégoire de Nareg et de plusieurs de nos chefs, qui tous prêchèrent la paix des deux Eglises et reconnurent entre elles une conformité de dogmes? Pourquoi oublions-nous les relations de l'empereur Manuel avec

« notre père, le saint patriarche Nersès, que vous « avez tous connu ? C'est par lui et à son appel que « nous sommes tous accourus ici aujourd'hui. Sans « doute, nous avons eu parmi nous des gens peu « éclairés, qui de tout temps ont mis des obstacles « à la paix et à la réunion des deux Eglises. Que « Dieu leur pardonne ! Quant à nous, recevons les « conditions que nous propose l'Eglise grecque, « sœur aînée de la nôtre, celles que notre con- « science ne repousse pas, et acceptons-les pour la « gloire de Dieu. »

Le concile de Roum-Kalé dressa un acte de toutes ces conditions, et les confirma après les avoir trouvées orthodoxes. Cet acte fut signé par tous les évêques, et envoyé à l'empereur Manuel et au patriarche de Constantinople, Théodose, successeur de Michel. Les évêques, dans la relation du concile, commencent par un long exposé dogmatique, d'après le patriarche Nersès Schnorhali ; ils mentionnent les évêques qui ont assisté, au nom de l'Eglise arménienne, aux trois premiers conciles œcuméniques, et aux sixième et septième ; reconnaissent les trois premiers conciles solennellement, en acceptent les décrets, et passent sous silence les cinquième, sixième et septième. Dans cet écrit, ils prononcent anathème contre Arius, Macédonius, Nestorius et Eutychès, tout en s'abstenant cependant de dire qu'ils reconnaissent le concile de Chalcédoine, qui avait condamné Eutychès. Ils développent longuement l'opinion des saints Pères sur les deux natures du Christ. « Nous connaissons, disent « les évêques du concile de Roum-Kalé, et nous « partageons avec sincérité la croyance des saints « Pères, qui, en parlant de la nature du Christ, « comprenaient par là, non une nature, mais deux « natures en Jésus-Christ, réunies et non confon- « dues, qui, par l'action et la volonté, faisaient des « actes quelquefois divins, et quelquefois humains, « en une seule personne. Ainsi, sachez que nous « adoptons l'enseignement des saints Pères. Nous « croyons de tout notre cœur à la vérité de ce que « nous affirmons sur la croyance de notre Eglise, « et l'attestons de bouche devant l'Eglise grecque. « Nous voyons clairement que Dieu a voulu que par « vous soit anéantie la haine invétérée de ces deux « Eglises l'une contre l'autre, et que ce sentiment « soit transformé en un sentiment de paix. Tout « notre concile rend hommage à votre profond sa- « voir théologique, et proclame qu'il est entière- « ment conforme aux traditions des saints Pères. « Votre sagesse n'a pas besoin d'autre assurance de « notre part, pour comprendre l'orthodoxie de notre « foi ; mais nous voulons donner par le présent acte, « à la sagesse des sages, un motif d'apprécier la rai- « son de notre assentiment et de notre bonne intel- « ligence avec les orthodoxes, et c'est ce que nous « faisons ici. Eloignez ceux qui voudraient par haine « vous indisposer contre notre croyance, car ceux-là

« s'écartent eux-mêmes de la vérité. Notre con« science nous est un sûr garant contre l'hérésie, « mais faites retomber une haine implacable sur la « tête de l'ange déchu; et vis-à-vis de nous, qui « sommes vos frères, raffermissez la paix et l'a« mour du prochain, et que le Dieu de paix et de « charité soit avec vous. Amen. »

Cette relation du concile de Roum-Kalé est signée par les trente-trois évêques précités. A côté des signatures des deux patriarches, Grégoire IV, d'Arménie, et Etienne, d'Albanie, celles que l'on y lit sont les signatures des évêques des capitales des différentes provinces de l'Arménie : Ani, Touïn, Edesse, Kars, et de la Cilicie, ainsi que d'Antioche, Jérusalem et Césarée. Il est donc vrai que toute l'Eglise d'Arménie prit part au concile de Roum-Kalé; elle y exprima avec unanimité, et d'une manière formelle, non point avec les termes de l'Eglise grecque, mais du moins avec tout le bon vouloir possible, la tendance du clergé arménien à la réunion des deux Eglises. Malheureusement, cette relation n'arriva pas à sa destination. Les messagers qui étaient chargés de la remettre à l'empereur parvinrent avec peine jusqu'à Césarée. Les agitations qu'avait fait naître, dans l'Asie Mineure, le passage des croisés et leurs guerres contre les infidèles, les forcèrent à revenir à Roum-Kalé, au grand regret du patriarche Grégoire. Bientôt après, en 1181, la mort de l'empereur interrompit toutes relations entre les deux Eglises, et la paix, qui avait été faite et signée, ne put être ratifiée.

Néanmoins, c'est à partir de ce concile que cet accord entre elles s'est le plus solidement établi, et il n'a point cessé jusqu'à nos jours.

Cette période est la quatrième de l'histoire de l'Eglise arménienne.

On vit, dès lors, dans l'Arménie livrée aux ravages des infidèles, le catholicos obligé de transférer de ville en ville le siége patriarcal, afin de se soustraire à leurs persécutions et à leur tyrannie. Les rois d'Arménie de la dynastie Roubénienne[1], qui occupaient la Cilicie, forcés de demander souvent protection, par l'intermédiaire des papes, aux souverains de l'Occident et, au milieu des troubles qui déchiraient leurs Etats, négligèrent souvent les affaires de religion.

Depuis la seconde croisade, les relations entre les papes et les rois de Cilicie devinrent de plus en plus fréquentes. La grande Arménie était dans le désordre et la désolation, envahie par les hordes des Turcs et des Mongols.

On a de la peine à concevoir comment l'Eglise arménienne, abandonnée à elle-même, au milieu de ces vicissitudes, a pu se soutenir dans son unité,

[1] Ces princes étaient issus de la race des Bagratides par Roubên, leur fondateur, qui était parent du dernier roi d'Ani, Kakig II.

et traverser, triomphante, plusieurs siècles de guerre et d'oppression de la part des Barbares. Les faibles souverains de la Cilicie étaient donc obligés de recourir aux papes; car l'empire grec lui-même, presque en ruines, n'était plus de force à leur prêter le moindre appui. Les papes, témoins du sort malheureux des princes Roubéniens, essayèrent de réunir l'Eglise arménienne à l'Eglise latine. Quelques-uns de ces princes firent acte d'adhésion au siége de Rome, et, entre autres, Héthoum, en 1288, jaloux de gagner la bienveillance des papes Nicolas IV et Boniface VIII, qui lui faisaient espérer les secours des princes d'Occident.

Le roi Oschïn promit au pape Jean XXII de réunir l'Eglise d'Arménie à l'Eglise romaine, à la communion de laquelle il se rallia en 1320. Ce pape fit partir des missionnaires, dont le premier fut Barthélemi de Bologne, dans toute l'Arménie, pour engager le peuple et les évêques à s'unir au siége de Rome; mais ces efforts furent impuissants, et ces envoyés ne parvinrent à conquérir que quelques villages de la Cilicie. A Nakhitchévan, il s'établit une mission de dominicains, dont le chef prit le titre d'archevêque des Arméniens unis. La majeure partie de la nation manifestait une grande opposition contre toutes ces tentatives, et un des derniers rois d'Arménie, Constantin III, fut assassiné pour avoir voulu introduire dans son Eglise les rites latins. Enfin, le roi de Cilicie, Léon VI, de la maison de Lusignan, forcé de quitter ses Etats, dont s'emparèrent les Egyptiens, se réfugia en France, où il sollicita vainement des secours pour aller reprendre possession de son trône. Il y vécut quinze ans, et mourut à Paris en 1393.

Vers ce temps, une multitude d'Arméniens, voyant leur patrie en proie à l'anarchie, émigrèrent et se dispersèrent dans différentes contrées, dans l'Anatolie, l'Egypte, l'Inde, à Constantinople, sur les bords de la mer Noire, dans quelques villes du midi de la Russie et en Pologne. Vers 1440, le siége patriarcal fut rétabli à Edchmiadzïn, et c'est vers cette époque que plusieurs milliers d'Arméniens rentrèrent dans le giron de leur antique Eglise. Mais, en 1666, ceux qui s'étaient fixés dans la Gallicie, entraînés par les jésuites, embrassèrent de nouveau le catholicisme. Le pape Innocent XII, sur la fin du dix-septième siècle, envoya des missionnaires en Pologne et dans les villes de l'Asie, pour tâcher d'appeler à lui les Arméniens; mais ces prédications n'eurent de succès qu'auprès d'une partie des habitants de Trébizonde, Erzeroum, Alep, et de quelques villages dans les environs de ces villes. Enfin, en 1717, l'infatigable archimandrite Mekhithar fonda près de Venise, dans l'île de Saint-Lazare, un couvent aujourd'hui célèbre par l'érudition de ses moines. Ce couvent renferme une académie arménienne et un séminaire, où sont admis seulement les nationaux catholiques qui se destinent à l'état ecclésiastique. Vienne possède aussi un monastère qui appartient aux mekhitharistes, et où se trouve une vaste et magnifique imprimerie. Au Liban, il y a deux couvents d'Arméniens catholiques, qui vivent dans une grande pauvreté. Ils ont été fondés, en 1724, par Abraham, archimandrite de Trébizonde, qui, pour se dérober aux persécutions du patriarche titulaire de Constantinople, se fit catholique et se retira dans le Liban.

L'archimandrite Abraham fut ordonné évêque à Rome et fut nommé archevêque de tous les Arméniens catholiques de l'Orient. En Gallicie, dans la ville de Lemberg, ainsi qu'à Constantinople, les Arméniens catholiques ont aussi leurs églises. En Russie, il y avait un évêché arménien catholique à Mohilew, sur le Dniester; mais à la mort du titulaire, Joseph, le gouvernement russe ne lui donna pas de successeur, et le peu d'Arméniens catholiques de ce diocèse dépendent maintenant de l'évêché catholique limitrophe.

Les Arméniens catholiques, dispersés en Italie, en Pologne, en Gallicie et en France, n'ayant presque pas d'églises, ont de la peine à conserver leur nationalité, qui leur est même contestée quelquefois. S'ils ne parviennent que rarement à faire des prosélytes, en voici la raison. Pour que deux Eglises puissent se réunir et opérer entre elles une fusion, une simple différence dans les cérémonies et dans quelques mots peut être facilement écartée, comme cela eut lieu dans le concile de Roum-Kalé. Mais changer la foi sur la procession du Saint-Esprit et sur la sainte Eucharistie en ne la donnant que sous l'espèce du pain au lieu de l'administrer sous les deux espèces, renverser l'ordre de la liturgie, mettre à découvert l'autel que voile avec mystère toute l'Eglise d'Orient pendant une partie du saint Sacrifice, imposer le célibat aux prêtres séculiers, sont autant de points de dogme et de discipline qui constituent une différence capitale.

Leur nombre, en Russie, d'après le dernier recensement, monte, hommes et femmes, à 15,483. Les Arméniens grégoriens ou de l'Eglise arménienne orientale forment, dans le même pays, un total d'environ 500,000 ; c'est là qu'ils se trouvent en plus grande quantité que partout ailleurs. A l'exemple de leurs compatriotes de la Perse et de l'Inde qui ont pour chef religieux le catholicos d'Edchmiadzïn, ceux de Constantinople, de Jérusalem et de Sis reconnaissent ce même chef, quoiqu'ils aient dans ces villes des archevèques qui portent le titre de patriarche. Ce titre est simplement honorifique et ne leur donne pas même le droit d'ordonner des évêques, car c'est le catholicos d'Edchmiadzïn qui seul a le pouvoir de conférer la consécration épiscopale et de bénir l'huile sainte[1], que viennent chercher les prêtres de toutes les églises

[1] La cérémonie de la bénédiction du myron, ou huile sainte, se fait tous les sept ans.

arméniennes. C'est ce droit exclusif du pontife d'Edchmiadzïn qui fait l'unité de l'Eglise arménienne, soutient sa force morale et conserve chez le peuple sur lequel elle étend sa juridiction la nationalité par l'unité de religion.

Le catholicos est choisi par le suffrage des évêques et des Arméniens de tous les pays, qui viennent concourir à cette élection, et il est confirmé par S. M. l'empereur de toutes les Russies[1]. A Edchmiadzïn, le catholicos est assisté d'un synode, institué par le gouvernement russe. L'Eglise arménienne est protégée, en Russie, par S. M. l'empereur, et jouit d'une grande tolérance. A Saint-Pétersbourg, Moscou[2], Nijny-Novgorod, Astrakan, Odessa, en Géorgie, et dans plusieurs autres villes de la Russie, les Arméniens grégoriens ont de vastes et belles églises. Dans l'Arménie russe, ils possèdent plusieurs monastères et nombre d'édifices religieux.

[1] Jadis le catholicos était confirmé par le schah de Perse; depuis S. M. Paul Ier, ce droit n'appartient qu'à l'empereur de toutes les Russies.

[2] Il existe à Moscou trois églises arméniennes, et deux à Saint-Pétersbourg, possédant des propriétés dont le revenu sert à l'entretien du clergé et aux dépenses du culte. Ces églises ont été construites aux frais de feu M. le comte Jean de Lazareff, et des trois frères L. Ex. MM. Jean, Christophe et Lazare de Lazareff, ses héritiers. C'est aussi à la munificence de cette illustre famille que ces églises doivent les immeubles qui forment leur dotation.

Le synode de Saint-Pétersbourg, d'après la prière que le patriarche Jean adressa à l'empereur Nicolas, en 1841, reçut de ce souverain un oukase qui le chargeait de veiller à ce qu'on n'imprimât rien d'irrévérencieux contre la croyance de l'Eglise arménienne, conforme à celle de l'Eglise grecque. Le catholicos, les évêques, et même les simples prêtres, obtiennent, pour prix de leurs services, les mêmes distinctions que le clergé russe.

C'est ainsi que la bonté de Dieu, qui a protégé l'Eglise d'Arménie pendant les siècles d'oppression et de malheur qu'elle a traversés, lui a réservé de jouir, sous la domination russe, du calme et de la sécurité qu'elle avait perdus. Si le concile de Roum-Kalé, à cause des difficultés survenues alors, n'a pas réussi à réunir les deux Eglises, il faut espérer du moins que la paix dont elles jouissent maintenant sera consolidée à jamais.

A l'Institut des langues orientales de L. Ex. MM. de Lazareff, à Moscou, une instruction spéciale est affectée aux jeunes gens qui se proposent d'entrer dans les ordres sacrés. Ils suivent un cours complet de théologie, apprennent les langues modernes, et reçoivent, en un mot, une éducation au niveau des progrès de la civilisation moderne. On peut voir là une garantie sûre pour l'avenir du clergé arménien, et un moyen de raviver dans son sein le désir de l'instruction.

Un auteur russe, M. André de Mouravieff, dans

son ouvrage sur l'Arménie, ajoute, à la fin du chapitre où il parle de la séparation de l'Eglise orthodoxe d'Orient d'avec l'Eglise arménienne, des paroles conciliantes, qui peuvent servir à réfuter ceux qui condamnent la foi de l'Eglise arménienne sans la connaître. Le saint synode russe lui-même, s'il n'approuvait point les idées de M. de Mouravieff, n'aurait pas permis l'impression de ces paroles de paix : « Ainsi, dit-il, depuis la réunion de tous les « évêques à Roum-Kalé, l'Eglise d'Arménie est « restée jusqu'à nos jours dans la même position « indécise vis-à-vis de l'Eglise catholique grecque, « quoiqu'elle sente combien elle est rapprochée de « nous. »

Ajoutons que l'Eglise arménienne est certainement l'une des plus anciennes de l'Orient, l'une de celles qui ont conservé le plus fidèlement l'esprit et les traditions des siècles primitifs.

DEUXIÈME PARTIE.

EXPOSÉ DE LA FOI DE L'ÉGLISE ARMÉNIENNE

FAIT PAR ORDRE DE L'EMPEREUR MANUEL COMNÈNE,

EN L'AN 1166 DE J.-C.,

PAR LE PATRIARCHE NERSÈS, DIT SCHNORHALI (LE GRACIEUX)

CATHOLICOS D'ARMÉNIE.

Quoique la pauvreté des idées et des mots ne nous permette pas d'entreprendre des discussions abstraites au-dessus de nos forces, et de répandre dans la mer de vos connaissances une goutte de plus, ni d'ajouter à votre céleste sagesse un faible rayon de notre intelligence, cependant l'ordre de Votre Majesté Impériale, qui nous a été transmis par un serviteur de sa cour, a inspiré à notre humilité la hardiesse de présenter ici par écrit l'explication des dogmes de notre foi.

D'ailleurs la loi divine nous prescrit de donner ce que l'on possède, soit beaucoup, soit peu, à celui qui demande. Si l'on doit donner à chacun, ce précepte doit être observé à plus forte raison à l'égard du plus grand de nous tous. C'est donc avec plaisir que nous remplissons ce devoir qui nous est imposé. Ce n'est pas une nouvelle construction dont nous posons les fondements, mais nous montrons un édifice bâti avec des matériaux parfaits, que le feu ne saurait attaquer, posé *sur le fondement des apôtres, des prophètes*[1] et des docteurs orthodoxes. Ce n'est point une éloquence artificieuse qui nous anime, mais la vérité du Saint-Esprit, telle qu'elle nous a été enseignée par ceux qui ont reçu en eux son souffle inspirateur. Nous voulons exposer nos idées, sans chercher à cacher les ténèbres de l'hérésie sous l'apparence lumineuse de la vraie foi, comme l'imaginent à notre égard ceux qui eux-mêmes ont cette habitude criminelle ; et nous consignerons par écrit ce qui est renfermé dans le secret de notre âme, en prenant pour témoin l'Esprit-Saint qui scrute les cœurs, et qui juge et approfondit tout.

Quoique autrefois nous ayons soumis à l'appréciation d'un prince éminemment pieux[2] l'explica-

[1] Epître aux Ephésiens, II, 20.

[2] Saint Nersès fait allusion à une première exposition de la foi arménienne qu'il adressa, lorsqu'il n'était encore que simple évêque, au prince Alexis, gendre de l'empereur Manuel Comnène et commandant de ses armées, lorsqu'Alexis se trouvait à Mopsueste, en Cilicie, dans l'année 614 de l'ère arménienne, 1165 de J. C.

tion de notre foi, que vous avez lue vous-même, et quoique nous regardions comme superflu de répéter les mêmes choses, en nous rappelant le conseil de celui qui a dit que *la prolixité fatigue*[1]; néanmoins, comme cet exposé nous est demandé par l'ordre de Votre Majesté, nous sommes prêt à obéir et à ajouter à ce que nous avons dit précédemment, afin qu'une seconde et troisième répétition mette en évidence la vérité de nos paroles. Nous commencerons donc par le point qui appelle le premier notre attention.

Des Dogmes.

Instruits par les saints Docteurs de l'Eglise, nous confessons que Dieu le Père est distinct comme personne, qu'il est sans commencement et éternel, que Dieu le Fils est né du Père éternel, non à la manière des créatures, mais en dehors du temps, et que le Saint-Esprit émane et procède du Père par un mode ineffable.

Le Père est nommé Père, car il est la cause de la naissance du Fils, et de la procession du Saint-Esprit.

Le Fils est nommé Fils, non point à cause d'une naissance matérielle, comme la nôtre, ainsi que le

[1] S. Grégoire de Nazianze.

croient les aveugles d'esprit, mais parce qu'il est issu de l'essence du Père et qu'il n'est pas créature, sa naissance étant ineffable et au-dessus de notre compréhension.

Il est nommé Fils unique, parce qu'aucun être, ni avant lui, ni après lui, n'a procédé en essence du Père. Il est nommé aussi Verbe, parce que sa naissance est immatérielle, comme l'idée qui jaillit de notre esprit.

Ce n'est point comme dans la condition mortelle de l'homme et par la naissance que le Père est avant le Fils; mais de même que le Père est éternel, ainsi le Fils est éternel avec le Père éternel, et il lui est coéternel depuis le commencement jusqu'à la fin, de la même manière que les rayons coexistent avec la clarté du soleil, car ce n'est pas le soleil qui apparaît avant la lumière, mais l'un et l'autre se montrent en même temps. Pareillement la lumière du Fils provient de la lumière du Père, et lui est coéternelle. Et comme il n'y a pas d'éclat sans lumière, ni d'image sans original, de même le Père n'a jamais existé sans le Fils, ni le Fils sans le Père; le Fils étant la splendeur de sa gloire et le reflet de sa substance. La gloire, c'est Dieu, et la splendeur de sa gloire, c'est le Fils. L'original, c'est le Père, et l'image visible de Dieu le Père, c'est le Fils. Voilà pourquoi nous reconnaissons le Fils comme consubstantiel au Père, et coopérant avec lui à la création.

Nous confessons que le Saint-Esprit est le véritable Esprit de Dieu, et nous ne le comparons pas aux esprits créés, parce qu'il a le même nom; de même que nous n'assimilons pas le Fils unique, dans son essence, à ceux qui sont enfants de Dieu par la grâce. Le Saint-Esprit diffère des esprits créés, en ce qu'il doit être appelé Esprit de Dieu; procédant sans commencement ni fin, d'un Père qui n'a ni commencement ni fin, de toute éternité; être parfait, incompréhensible et indicible pour les créatures; émanant, quant à son essence, du Père seul, et, par son pouvoir et par l'effusion des grâces, égal au Père et au Fils, ainsi qu'on le voit par les paroles du Fils, lorsqu'il dit du Saint-Esprit : *Il ne parlera pas de lui-même, mais il prendra du mien et il vous l'annoncera, parce que tout ce que mon Père possède est à moi* [1].

Le Saint-Esprit n'a point de commencement dans le temps, il n'éprouve pas de changements de modalité, conditions auxquelles sont soumises les créatures; mais il recèle toutes les profondeurs des mystères de Dieu, et dévoile tout ce que ces mystères ont de caché; il est consubstantiel au Père et au Fils, dans son éternité, et participant à la création comme leur étant égal en puissance et en gloire.

Nous confessons que ces trois personnes sont

[1] Saint Jean, XVI, 13 et 15.

contenues et réunies en une seule Divinité. Nous ne les séparons pas l'une de l'autre dans leur essence, ainsi que l'enseignait Arius; mais nous croyons et nous reconnaissons dans la sainte Trinité une seule essence, une seule souveraineté, une même puissance et une même gloire. Nous rejetons pareillement l'opinion de Sabellius de Libye, disciple des Juifs, qui confondait les trois personnes en une seule; mais nous distinguons ces trois personnes en tant qu'inséparables, et nous les réunissons, en les distinguant l'une de l'autre, suivant la doctrine orthodoxe des saints Pères.

Nous confessons donc trois personnes, ni plus, ni moins, et une seule essence ou nature sans la diviser en trois par le nombre des personnes; et nous nous conformons à ce que l'Eglise proclame dans l'hymne des séraphins, réunissant les trois personnes glorifiées en une seule souveraineté et divinité. Car si le Père est non engendré, si le Fils est engendré, et si le Saint-Esprit est une émanation par voie de procession, il ne s'ensuit pas de là qu'ils diffèrent entre eux par leur essence, comme Adam, Seth et Ève; car le premier, non engendré, le second, né d'un père, et Ève, quoique non engendrée, mais cependant tirée d'Adam, diffèrent entre eux réellement par leur essence même.

Aucune des trois personnes divines, également adorables, ne l'emporte sur les autres en essence; et, quoique le Père soit appelé grand, on ne le qualifie ainsi qu'à cause de sa primordialité et non de son essence. Car par son essence il est égal au Fils et au Saint-Esprit; et la divinité du Père n'a jamais été incomplète, c'est-à-dire d'abord petite, et puis de plus en plus parfaite; comme s'il eût existé un temps où il n'aurait pas été Dieu le Père comme n'ayant pas de fils, et où il n'eût pas été sage comme ne contenant pas en soi la sagesse; et comme s'il eût été faible, parce qu'il n'aurait pas eu en lui la puissance (car Jésus-Christ, d'après les paroles de l'Apôtre, *est la puissance et la sagesse de Dieu* [1]); comme s'il eût été irrationnel, parce que le Verbe n'aurait pas été encore avec lui, lequel, selon l'évangéliste saint Jean, a été au commencement avec Dieu [2]; comme s'il n'eût pas été vivificateur, parce qu'il y aurait eu un temps où il n'avait pas avec lui l'esprit vivifiant. Mais le Père est toujours le Père, ayant avec lui invariablement le Verbe, la puissance, la sagesse et la vie; et le Fils est toujours le Fils éternel du Père, à jamais avec lui; de même le Saint-Esprit est toujours l'Esprit de Dieu, éternellement avec Dieu.

Le Père est le principe, et le Fils et le Saint-Esprit émanent de ce principe, sans limites de temps et sans cause. Le Père préexiste par lui-même, le

[1] I Corinth., I, 24.
[2] Chap. I, v. 1 et 2.

Fils et le Saint-Esprit ont leur origine dans le Père, mais de toute éternité et avant toutes choses, créateurs avec le Père et du temps et de tout ce qui est soumis au temps, des êtres intellectuels et des êtres matériels, appelés par eux du néant à la vie.

Nous confessons qu'une seule des trois personnes, le Fils, agissant par la volonté du Père et du Saint-Esprit, et annoncé par l'archange Gabriel, est descendu sur la terre créée par lui, mais sans quitter les lieux où il exerçait sa puissance providentielle, et en demeurant, sans être amoindri, dans le séjour d'où il était descendu. Celui qui était incompréhensible par les créatures voulut se renfermer dans le sein de la Vierge, et reçut d'elle un corps périssable et sujet au péché comme le nôtre : l'âme, l'esprit et la chair qu'il mêla [1] à son essence impeccable et exempte de corruption, et avec lesquels il fut *un* d'une manière indivisible. Il ne changea pas la nature matérielle de son corps en une nature immatérielle ; mais d'un corps pécheur il fit, quand il le voulut, un corps impeccable ; de la corruption

[1] Par le mot *mêla*, Nersès n'entend pas que dans ce mélange une substance a été absorbée par l'autre; mais il veut démontrer la pénétration d'une nature à travers l'autre. Le terme *mélange*, en grec σύμμιξις, était employé par les Pères grecs, avant l'hérésie d'Eutychès, sans aucune crainte de fausse interprétation; plus tard, pour éviter tout malentendu, ce mot a été remplacé par celui d'*union*, ἕνωσις.

l'incorruptibilité; de ce qui était mortel, l'immortalité; conservant dans cette union la nature divine et la nature humaine, sans les confondre. Conçu et renfermé pendant neuf mois dans le sein de la Vierge, il naquit d'elle sans altérer sa virginité immaculée, tenant à la fois de son Père une naissance immatérielle, et de sa mère une naissance suivant la chair. Fils de Dieu, il est devenu Fils de l'homme, sans que l'un soit le Fils de Dieu et l'autre le Fils de l'homme; hypothèse par laquelle un fils unique aurait constitué deux fils, comme l'enseignait d'une manière blasphématoire Nestorius.

Car le Verbe n'est pas entré dans le corps, mais il s'est incarné, non par un changement, mais par une union opérée dans le sein de la Vierge. Le Verbe ne s'est pas matériellement formé en corps, par une opération créatrice, comme le pensent quelques hétérodoxes, mais il a reçu de la Vierge un corps, non point étranger à elle, mais tenant de sa substance. Ce n'est point en apparence qu'il a passé par elle, comme à travers un canal, ainsi que le supposaient faussement Eutychès et ses adhérents; mais il s'est revêtu véritablement d'un corps de la substance d'Adam, par une nouvelle et merveilleuse union, qui est au-dessus de toute similitude. Car, depuis le commencement des siècles, il ne s'est jamais produit pareille union du Créateur et de la créature; ce n'est qu'en quelque sorte et non point avec une parfaite exactitude, qu'on peut comparer l'union de l'âme et du corps avec l'union de la divinité et de l'humanité, ainsi que le dit saint Grégoire de Nysse, dans son Livre sur la nature[1], dans le discours sur l'union de l'âme et du corps, où il s'exprime ainsi : « Porphyre, cet adversaire « de Jésus-Christ (les objections de nos ennemis « sont fortes contre nous et n'ont pas été combat- « tues), rend un témoignage analogue dans son se- « cond discours. Voici ses paroles : *On ne peut dire « qu'une substance soit remplie par une substance « qui soit autre, tout en conservant entière et inal- « térée sa grandeur; mais par le rapprochement elle « la convertit en sa propre nature.* Porphyre dit « cela de l'union de l'âme et du corps. Si ces pa- « roles sont vraies de l'âme, par rapport à son im- « mortalité; combien plus doivent-elles être justes « par rapport au Verbe de Dieu, qui est réellement « et exactement immatériel ! »

Nous croyons aussi que le Verbe, qui, selon la parole de saint Jean, *s'est fait chair*, ne s'est pas incarné en perdant son essence divine, mais qu'il s'est uni véritablement au corps, et s'est fait chair, tout en restant immatériel, tel qu'il l'était dès le

[1] Ce livre, que quelques-uns attribuent à Némésius, évêque d'Emesse, en Syrie, a toujours été regardé par les Arméniens comme étant l'ouvrage de saint Grégoire de Nysse, à partir du septième siècle, époque à laquelle il fut traduit en arménien par Etienne de Siounik.

commencement. Ce n'est point parce que l'un a été chair[1] et l'autre esprit; mais c'est le même et unique Jésus-Christ qui est chair et esprit; chair par l'humanité qu'il a revêtue, et esprit par la divinité qu'il possédait; le même, visible et invisible, tangible et intangible, périssable et impérissable, temporel et éternel. Fils de l'homme et Fils de Dieu, consubstantiel au Père par sa divinité et consubstantiel à nous par son humanité. N'étant point, à cause de cela, une double personne, mais restant un même être et une même personne, formé de deux natures réunies en Jésus-Christ par une union indivisible, mais sans confusion. Quoique l'esprit humain soit trop faible pour sonder ce mystère, qui est au-dessus de toute intelligence, cependant rien n'est impossible à la puissance divine. Car si l'âme et le corps sont la création de Dieu, et si ces deux entités contraires peuvent former une nature telle que ni l'une ni l'autre ne perde de son essence en s'unissant, combien plus il est possible à la toute-puissante nature divine de devenir chair et de rester immatérielle, de s'unir à notre na-

[1] Allusion à la lettre du pape Léon Ier à Flavien, écrite pendant le concile de Chalcédoine, et où les mots *l'une* et *l'autre*, se rapportant aux deux natures du Christ, avaient été rendus par le traducteur arménien par le mot *womn* ou *quelqu'un*, ce qui avait fait croire aux Arméniens que le concile de Chalcédoine était retombé dans l'hérésie de Nestorius. (Voir 1re partie, p. 29 et 30.)

ture humaine, qui a été créée, et de conserver intacte la nature increéée que le Verbe tient du Père!

De même que nous confessons que de deux natures ou substances il s'est formé une seule personne, et que dans cette union l'une de ces deux natures n'a pas été absorbée par l'autre; de même nous admettons, quant aux deux volontés, que la volonté divine en Jésus-Christ n'a pas été contraire à la volonté humaine, ou celle-ci contraire à la volonté divine; mais que dans un être unique il y a eu une double volonté, suivant la différence des temps; qu'elle était tantôt divine, lorsque le Christ a voulu manifester sa toute-puissante divinité, et tantôt humaine, lorsqu'il a voulu se montrer dans l'humble condition de l'humanité. Cette double volonté n'est point l'indice d'un antagonisme, mais de leur indépendance mutuelle; car la volonté humaine ne combattait pas la volonté divine, ainsi qu'il arrive en nous, *où la chair a des désirs contraires à ceux de l'esprit* [1], mais la volonté humaine était subordonnée à la volonté divine. En effet, quand le Seigneur le voulait et le permettait, le corps éprouvait ce qui lui était propre, ainsi que cela s'est vu pendant la prière qui précéda la Passion, et pendant la tentation après le jeûne de quarante jours, lorsqu'il permit à la nature humaine de

[1] Galates, V, 17.

ressentir la faim[1]. Et quoiqu'il ait indiqué une différence entre la volonté du Père et la sienne, en disant : *Non point comme je le veux, mais comme vous le voulez*[2]; cette expression est un signe d'assentiment, comme celui d'un fils vis-à-vis de son père, et non d'opposition. Cette explication est confirmée par un autre passage, où il maintient la volonté propre à la divinité, et où il éloigne la volonté de la chair : *Je suis descendu du ciel, non pour faire ma volonté, mais celle de mon Père*[3]. Les mots *descendu du ciel* prouvent que sa divinité était immatérielle, et non son corps, qu'il ne revêtit qu'en venant sur la terre. Mais, d'ailleurs, qui osera séparer dans la divinité la volonté du Fils d'avec celle du Père? Si le Fils, pour montrer quelle est la volonté du Père, nous dit : *Ceci est la volonté de mon Père, que ceux qui auront foi en moi aient la vie éternelle*[4], et si, par conséquent, la volonté du Père est de donner la vie éternelle à ceux qui croient au Fils, n'est-ce point en même temps la volonté du Fils? Cela seul est suffisant pour prouver l'accord et exclure toute idée d'opposition. Saint Grégoire le Théologien est explicite sur ce point : « D'après, « dit-il, les paroles du Fils au Père : *Que ce ne soit* « *pas ma volonté qui soit faite, mais la vôtre, qui*

[1] S. Matthieu, IV, 2.
[2] *Ibid.*, XXVI, 39.
[3] S.Jean, VI, 40.
[4] *Ibid.*, *Ibid.*, 38.

« *est aussi la mienne*, le Christ a voulu faire con-
« naître que sa volonté est la même que celle du
« Père ; car si tout ce qui est du Père est aussi du
« Fils, il est évident que la volonté du Père est celle
« du Fils, et la volonté du Fils celle du Père [1]. »

Ainsi que nous l'avons dit, il y avait, par la puissance unique et absolue de la divinité, double volonté, divine et humaine, sans opposition. Nous croyons que les actions, opérées dans cette union, ont été également divines et humaines. Nous n'attribuons pas à la seule divinité immatérielle du Christ ses actions les plus sublimes, et à son humanité séparée de sa divinité les actions d'un ordre inférieur ; en effet, s'il en eût été ainsi, comment pourrait-on dire que le Fils de l'homme est descendu du ciel [2], ou bien qu'il est un Dieu crucifié, et que son sang est divin ? Mais nous confessons que les actions divines et les actions humaines du Christ furent celles d'une même personne, qui tantôt, comme Dieu, accomplissait des actions divines, et tantôt, comme homme, des actions humaines. C'est ce que prouve l'économie de toute sa vie, depuis le commencement jusqu'à la fin.

Quoiqu'il ait été conçu comme homme, néanmoins il le fut par le Saint-Esprit comme Dieu.

Il naquit d'une femme comme homme, mais,

[1] S. Grégoire de Nazianze, Discours XXXVI.
[2] S. Jean, III, 13.

comme Dieu, il conserva à sa mère la virginité, après l'enfantement.

Le huitième jour, il fut circoncis, comme homme, et il a aboli la circoncision corporelle, en enseignant la circoncision du cœur, comme législateur de la circoncision.

Il a été présenté après quarante jours dans le temple, comme homme, et il a été reconnu par Siméon, comme Dieu, libérateur de ceux qui sont retenus dans les liens.

Il a fui devant Hérode, comme homme, et il a repoussé de l'Égypte l'idolâtrie, comme Dieu.

Il a été baptisé par saint Jean, comme homme; mais, comme Dieu, il a effacé les péchés d'Adam par son baptême, et il a été proclamé comme tel, par le Père et le Saint-Esprit.

Nouvel Adam, il a été tenté comme l'ancien Adam; mais en tant que créateur d'Adam, il a vaincu le tentateur, et, comme Dieu, il a donné aux enfants d'Adam le pouvoir d'écraser le pouvoir de l'ennemi.

Comme homme, il a souffert la faim, et, comme Dieu, il a rassasié la multitude avec quelques pains.

Comme homme, il éprouva la soif, et, comme Dieu, il appelait à lui ceux qui avaient soif, et leur donnait à boire de la source de vie.

Comme homme, il ressentait de la lassitude en marchant; et, comme Dieu, il a été le refuge des affligés et des pécheurs accablés sous le fardeau de leurs fautes, auxquels il donnait son joug doux et facile à porter.

Comme homme, il dormit dans une barque, et, comme Dieu, il marcha sur les flots et commanda aux vents et à la mer.

Comme homme, il paya l'impôt, et, comme Dieu, il ordonna d'ôter de la bouche du poisson un statère.

Comme homme, il pria avec nous et pour nous, et, comme Dieu, il accueillait avec son Père les prières de nous tous.

Comme homme, il versa des pleurs sur la tombe de son ami, et, comme Dieu, il tarit les larmes des sœurs qui pleuraient un frère, en le ressuscitant.

Comme homme, il demanda où l'on avait enterré Lazare, et, comme Dieu, il lui rendit la vie quatre jours après sa mort, en l'appelant à haute voix.

Comme homme, il fut livré pour une vile somme d'argent, et, comme Dieu, il racheta le monde par l'effusion de son sang précieux.

Il fut muet *comme un agneau devant celui qui le tond*[1], suivant la nature humaine; mais, par sa nature divine, il est le Verbe de Dieu, existant dès le commencement, celui par qui *les cieux ont été affermis*[2].

Comme homme, il fut attaché à une croix entre deux larrons, et, comme Dieu, il voila les astres de

[1] Isaïe, LIII, 57.
[2] Psaume XXXII, 6.

ténèbres et fit entrer le bon larron dans le paradis.

Comme homme, il but le vinaigre et goûta au fiel qui lui furent présentés, et, comme Dieu, il transforma l'eau en vin, et changea l'amertume en douceur[1].

Comme homme, il mourut; comme Dieu, il ressuscitait les morts par sa toute-puissance.

Comme homme, il but le calice de la mort par sa volonté, et, comme Dieu, il vainquit la mort par sa mort.

Celui qui mourut n'est pas autre que celui qui triompha de la mort, mais c'est le même et le seul qui est à la fois mort et vivant, et vivificateur; le seul et même Jésus-Christ, à la fois homme, d'une nature mortelle, et Dieu, d'une nature immortelle; non partagé en deux hypostases par la division des deux natures, comme si c'était l'un qui souffrit et qui est mort, et l'autre qui était impassible et immortel. Mais formé de deux natures contraires, il éprouva dans son unité les effets de ces deux natures opposées : par la nature humaine, les souffrances et la mort imposées à l'humanité; par la nature divine, l'impassibilité et l'immortalité. Celui qui est mort par le corps est le même qui est vivant par la divinité; celui qui a souffert, le même qui a été impassible; celui qui, sous l'action de la crainte, a sué le sang, le même

1 C'est-à-dire l'amertume du fruit que mangèrent nos premiers parents.

qui a terrassé ceux qui s'élevaient contre lui. Celui qui fut pour un peu de temps dans l'humiliation et un peu inférieur aux anges, et qui fut réconforté par les anges, est le même qui consolait toutes les créatures. Créateur de tous les êtres avec son Père, suivant la divinité, il a été créature comme nous, suivant l'humanité.

Les Apôtres, envoyés du Verbe, le proclament Dieu et homme parfait, par une union plus parfaite que celle de l'âme et du corps.

Son âme humaine, qu'il recommanda à son Père, se sépara de son corps; mais la divinité resta indivisible dans les deux à la fois; elle demeura avec son âme rationnelle, lorsqu'il descendit aux enfers, vers les âmes qui y étaient retenues, et elle fut inséparable de son corps déposé dans la tombe, non point en partie, mais tout entière dans les deux.

C'est le même qui était à la fois dans le sein du Père et dans les entrailles de la Vierge, sur le trône de gloire et dans la crèche de Bethléem, à la droite du Père et sur la croix, au-dessus des chérubins et dans la tombe, *car le ciel et la terre sont remplis de sa gloire*[1]. Il ressuscita le troisième jour, lui qui est notre résurrection et notre vie, et monta aux cieux qu'il n'avait jamais quittés. Il en redescendra un jour pour ressusciter la race d'Adam, et pour

[1] Isaïe, VI, 3.

juger dans sa justice les vivants et les morts d'après leurs paroles, leurs pensées, leurs actions et leur foi, en récompensant les bons et en condamnant les méchants aux supplices.

C'est le même qui régnera avec ceux qui seront couronnés avec lui dans les siècles des siècles, découvrant à tous, et sans voile, cette science de la foi que nous ne possédons aujourd'hui qu'imparfaitement, de la foi au Père, au Fils et au Saint-Esprit, à qui appartiennent la gloire et la puissance dans tous les siècles. Amen.

Cette exposition de notre doctrine sur la Trinité consubstantielle, unique Divinité, et sur l'incarnation du Fils, exposition qui est conforme à notre profession de foi, et que nous avons faite par ordre de Votre Majesté, qu'elle vous suffise pour le moment, en fournissant l'occasion à Votre Sagesse de faire, suivant la parole du sage, de nouveaux progrès dans la sagesse.

Des traditions de l'Église.

Disons maintenant quelques mots sur les traditions que nous ont transmises les anciens Pères, et contre les opinions de ceux qui ne les admettent pas. Nous ferons connaître quels sont les motifs qui nous portent à observer ces traditions, et nous nous expliquerons, Dieu nous servant de témoin, en toute sincérité et sans arrière-pensée.

Parlons d'abord du pain du saint Sacrifice, que nous et les Romains employons sans levain, et les autres Églises fermenté. Chacun, des deux côtés, tâche de justifier la coutume à laquelle il est attaché. Mais celui qui aime la vérité ne doit pas se rendre l'esclave des usages comme un ignorant, ou se justifier par des paroles vaines, employées comme un simple argument de discussion; il faut au contraire qu'il parcoure en esprit le paradis spirituel (je veux dire les livres saints), et qu'il cherche là le fruit de la vérité, pour ensuite y goûter. Ainsi, en ce qui concerne l'institution du sacrement que nous venons de nommer, nous trouvons dans ces livres la vérité que nous cherchons. Tout le mystère de l'incarnation de Jésus-Christ, ainsi que la perfection de sa chair et de son sang, sont annoncés par les prophètes sous diverses figures et en différentes paroles. Et d'abord à la table d'Abraham, qui fut le type de la table du cénacle, le Seigneur mangea, non le pain fermenté, mais le pain azyme, comme cela résulte de ces paroles d'Abraham à Sara : « Hâte-toi de pétrir trois « mesures de farine pure, et fais-en des pains cuits « sous la cendre[1]. » Ce même pain, simple figure, lorsque le Verbe ne s'était pas encore incarné, il l'employa aussi lorsqu'il se fut fait chair, et, l'appelant son corps, il le partagea entre les fils d'Abraham, suivant la foi, au lieu du veau et de l'azyme

[1] Genèse, XVIII, 6.

qu'il avait mangés à l'ombre du chêne de Mambré. Que le pain cuit par Sara fût sans levain, c'est ce qui se voit par celui que Loth donna aux anges; car il est écrit : « Il fit cuire des pains azymes et les « leur servit [1]. »

Lorsque les fils d'Israël étaient sur le point de quitter l'Égypte, Moïse leur ordonna de ne point emporter avec eux du pain fermenté, de s'en abstenir entièrement dans leurs maisons durant sept jours, et de se nourrir, pendant toute cette semaine, de pain azyme seulement. Ce fut là le type de l'emploi du pain azyme dans la sainte Cène, et les sept jours représentent les sept âges du monde. Par ce commandement, le Seigneur a voulu que tous ceux qui s'éloignent de l'incrédulité égyptienne, pour se frayer un chemin vers le pays de promission, n'emportent point avec eux le ferment du péché, mais se nourrissent d'un pain incorruptible et divin, tout à la fois mystique et matériel, c'est-à-dire du corps de Dieu, et *de la parole qui sort de sa bouche* [2]. De même la manne, qui, selon l'apôtre saint Paul, fut le type du pain de vie, était mangée par les Juifs dans le désert, en guise de pain sans levain [3].

Et lorsque Dieu ordonna à Moïse de ne point paraître devant lui, les mains vides, il voulut que,

[1] Genèse, XIX, 3.
[2] S. Matthieu, IV, 4.
[3] I Corinthiens, X, 3 et 4.

chaque jour, fût placé sur l'autel de propitiation le pain de proposition, comme emblème du corps de Jésus-Christ. Que ce pain fût azyme et non fermenté, c'est ce qui est démontré par ce que dit le prêtre Abiathar à David : « Ce n'est pas du pain « impur (c'est-à-dire fermenté) qui est dans mes « mains, mais des pains sacrés de proposition[1], » lesquels étaient azymes. Il se trouve beaucoup de pareils exemples dans les temps anciens; mais venons-en à ceux de la nouvelle loi et aux réels.

Quand l'Agneau véritable eut goûté de l'agneau mystique et des pains azymes avec des laitues, et accompli le précepte de l'ancienne alliance, il institua la nouvelle, suivant le récit évangélique. Prenant sur la table du pain (il est évident que c'était du pain azyme, puisque l'on était au premier jour de la fête des azymes), il dit : *Ceci est mon corps*[2].

Il est donc convenable que le corps de celui qui est né de la Vierge, et qui était immaculé, soit représenté par un pain azyme et non par un pain fermenté.

Pour nous, qui célébrons le saint Mystère avec le pain azyme, nous avons pour justifier notre usage ces raisons et d'autres que fournit l'Ecriture sainte. Ceux qui accomplissent ce sacrement avec le pain fermenté peuvent aussi s'appuyer de quelques pas-

[1] I Rois, XXI, 4.
[2] Saint Matthieu, XXVI, 26.

sages de l'Écriture, afin de défendre leur rite. Ils citent d'abord l'éloge du levain par le Sauveur, qui le compare au royaume du ciel. Il est vrai que ce n'est point du sacrement du pain sacré qu'il s'agit dans cet exemple, mais de la prédication de l'Évangile[1], qui est entré dans le monde comme le levain pénètre dans la farine, et qui fit fermenter tous ceux qui y crurent, en les excitant à l'amour de Dieu.

Ailleurs, le levain est pris comme le symbole du mal, dans les livres sacrés, témoin ces paroles de saint Paul : *Jésus-Christ, notre Pâque, a été immolé. C'est pourquoi célébrons cette fête, non point avec le vieux levain, ni avec un levain de méchanceté et de malice, mais avec les azymes de la sincérité et de la vérité*[2]. Et Grégoire le Théologien, dans son sermon sur la Pâque, dit que le pain fermenté ne peut être le pain de vie.

Quoique nous ayons fait la remarque que ce sacrement, qui nous a été transmis par le Seigneur, avait été accompli avec du pain azyme, cependant les traditions apostoliques ne peuvent nous éclairer complétement sur ce point, et nous apprendre si c'est le pain azyme ou bien le pain fermenté qui était employé dans les premiers siècles de l'Eglise. Nous savons seulement qu'il était prescrit aux fi-

[1] Saint Matthieu, XIII, 33, et S. Luc, XIII, 21.
[2] I Corinth., V, 7 et 8.

dèles d'apporter le pain avec lequel étaient célébrés les saints mystères. Donc, si le Saint-Esprit eût jugé que l'un était agréable à Dieu, et non l'autre, il l'eût enseigné à l'Eglise, ou par ses Apôtres, ou par la bouche des saints Docteurs. Mais nous savons avec certitude que ce qui plaît à Dieu, c'est une foi orthodoxe et une vie irréprochable. Pourvu que le sacrement s'accomplisse avec des intentions droites et soit pur de toute opinion hétérodoxe, les traditions ou usages dont on parle ici, qui sont des coutumes particulières à chaque peuple, ne contiennent en soi rien qui puisse excéder ou amoindrir la foi. Aussi lorsque la tête, c'est-à-dire la foi, est fermement unie au chef suprême, qui est Jésus-Christ, alors les membres, c'est-à-dire les traditions, sont en bon état et se viennent en aide les uns aux autres, pour la gloire du Christ notre Dieu.

La suite de notre discussion nous conduit maintenant à parler du calice du sang de Jésus-Christ. Ce n'est que chez nous, et non dans les autres Eglises, qu'en vertu d'une tradition qui remonte à saint Grégoire, nous employons pour l'Eucharistie le vin pur, sans mélange d'eau. La principale raison de cet usage vient de ce que le sang de Jésus-Christ est incorruptible par son union avec le Verbe incorruptible ; et c'est dans cet esprit que le calice de son sang ne reçoit chez nous que du vin pur. Ceci est rendu évident par la dénomination générale que l'on donne au vin ; si, en effet, le vin sans mélange d'eau est appelé *vin pur*, il est indubitable que lorsque l'on y ajoute ce mélange, le vin cesse d'être un *vin pur* et ne peut plus être appelé ainsi.

D'ailleurs, quand le Seigneur prit le calice entre ses mains, il dit : *Ceci est mon sang, le sang de la nouvelle alliance*, et il ajouta : *Je ne boirai plus désormais de ce fruit de la vigne jusqu'à ce jour auquel je le boirai de nouveau avec vous, dans le royaume de mon Père*[1]. Le bienheureux Jean Chrysostome, en expliquant ces paroles dans son commentaire sur l'Évangile de saint Matthieu, dit : « Il extirpe par là, jusqu'à la racine, une autre mau-« vaise hérésie. Il y en a quelques-uns qui, dans « les saints mystères, emploient l'eau ; mais le Sei-« gneur a dit : *De ce fruit de la vigne*, et la vigne « produit du vin et non de l'eau. » Ceux qui mêlent l'eau au vin tâchent de détourner les paroles de ce saint docteur, en affirmant qu'il y a eu des gens qui ne se servaient que d'eau pure pour accomplir le saint Mystère, et que c'est d'eux que parle saint Jean Chrysostome, et non de ceux qui mêlent l'eau au vin. Quant à nous, nous n'avons jamais entendu mentionner cette sorte de gens, et nous n'avons rien lu nulle part, au sujet d'une hérésie aussi insensée[2]. Ceux qui accomplissent le mystère avec du vin mêlé d'eau ont peut-être raison d'en agir ainsi ;

[1] Saint Matthieu, XXVI, 29.

[2] Saint Nersès ignorait sans doute qu'il existait une secte appelée les *Hydroparastates*.

mais ceux qui se servent d'eau pure, au nom de qui l'accomplissent-ils? Est-ce au nom de Jésus-Christ? Non, certes, car le Sauveur, selon les Évangélistes, prit le vin à la main et non l'eau, lorsqu'il dit : *Ceci est mon sang*. Et comme personne, excepté Jésus-Christ, n'avait institué ce sacrement, ni avec le vin, ni avec l'eau, j'en conclus que tout ce qu'on dit doit être regardé comme de pures inventions et non comme la vérité.

Ceux qui mêlent l'eau au vin font reposer cet usage traditionnel sur la circonstance qu'il découla du côté de Jésus-Christ deux jets, l'un de sang et l'autre d'eau. Mais peut-on penser avec raison que ce grand et admirable miracle ait eu lieu pour l'objet de ce sacrement? Si Dieu avait eu cela en vue, il lui aurait suffi d'inspirer à quelques-uns des hommes animés de l'Esprit saint, aux Apôtres ou aux plus illustres docteurs de l'Eglise, la pensée de prescrire de verser de l'eau dans le calice du Seigneur, et nul alors ne s'y serait opposé. Mais ce n'est pas pour que ce mélange soit opéré que l'eau coula avec le sang du côté du Sauveur, mais bien pour indiquer le mystère du baptême dans la mort de Jésus-Christ, d'après les paroles de l'apôtre saint Paul aux Romains : *Ne savez-vous pas que tous ceux qui ont été baptisés en Jésus-Christ l'ont été dans sa mort*[1]? Saint Jean Chrysostôme, dans son commen-

[1] Chap. VI, v. 2.

taire sur l'Evangile de saint Jean, dit : « L'Eglise a « été fondée des deux jets qui ont coulé du côté de « Jésus-Christ, car nous naissons pour la seconde « fois par l'eau du baptême, et son sang nous nour- « rit. » Pareillement saint Grégoire de Nysse, dans son discours sur la sépulture du Seigneur, dit, en mettant ces paroles dans la bouche de Joseph d'A- rimathie : « Je toucherai son côté immaculé, d'où « découlèrent, comme d'une fontaine, le sang mys- « térieux et l'eau régénératrice. » Saint Ephrem, de Syrie, dit aussi : « Un jet d'eau coula de son « corps, pour éteindre le feu du premier Adam et « pour effacer les traces de la servitude qui le cour- « bait sous le joug du mal. Le sang en jaillit aussi « par un effet de sa miséricorde, car c'est par ce « sang qu'il nous a rachetés de notre servitude. Et « comme toute la vitalité est dans le sang, c'est par « son sang qu'il a ranimé notre vie. » Plusieurs autres Docteurs, faisant allusion à ce texte de l'Evangile, le commentent de la même manière en rapportant l'eau au sacrement du baptême et le sang au sacrement de l'Eucharistie.

Comme nous avons déjà dit, en parlant du pain sacré, que le Seigneur exige de nous, avant tout, une vraie foi et des actions irréprochables, et non l'accomplissement des saints mystères avec du pain fermenté plutôt qu'avec du pain azyme ; nous répéterons la même chose en parlant du vin : soit qu'on l'emploie avec de l'eau ou sans eau, ni l'un ni l'autre de ces usages ne peut nous valoir les louanges de Dieu ou attirer sur nos têtes des châtiments. Ceux-là seuls seront glorifiés par lui qui lui offrent leurs dons avec un cœur saint et un esprit droit. Mais ceux qui sont souillés de pensées impures et d'actions criminelles, qu'ils célèbrent avec le vin pur ou avec un mélange d'eau, ceux-là doivent certainement s'attendre à être punis.

Si l'une de ces deux pratiques ou l'autre avait été dans la volonté formelle de Dieu ou de ses saints, ils l'auraient consignée par écrit, ainsi qu'il en a été des autres préceptes. Saint Paul, dans son Epître aux Corinthiens, en parlant de l'Eucharistie, n'a pas dit de quelle manière on devait la célébrer, si c'est avec du pain fermenté ou azyme, avec un mélange d'eau ou sans eau, mais il a principalement insisté sur ce que Dieu exige de nous. *Que chacun s'éprouve soi-même*, dit-il, *et qu'il mange ainsi de ce pain et boive de ce calice; car quiconque en mange et en boit indignement mange et boit sa propre condamnation, ne faisant point le discernement qu'il doit du corps du Seigneur*[1]. D'autres interprètes des oracles divins recommandent pareillement, non point la distinction de la matière, mais une digne préparation au sacrement.

Il existe encore dans l'Eglise arménienne une tradition qui date des temps les plus reculés, et d'après

[1] I Corinth., XI, 28 et 29.

laquelle la fête de Noël est célébrée le même jour que celle de l'Epiphanie. La raison de cette coutume n'est pas fortuite, mais tout à fait mystique. Dans les premiers siècles, elle était générale dans toutes les Eglises, comme cela est connu à Votre Sagesse ; et quoique dans la suite des âges, quelques Eglises aient fait de cette fête unique deux fêtes séparées, nous avons conservé inaltérée la tradition de saint Grégoire, basée sur le témoignage de saint Luc. Cet Evangéliste, après avoir raconté comment Zacharie devint muet, ajoute : « Il arriva, lorsque « les jours de son ministère furent terminés, qu'il « retourna en sa maison ; et Elisabeth, sa femme, « devint enceinte [1]. »

Le temps du service sacerdotal de Zacharie se compose, d'après saint Luc, des cinq jours de la fête de l'Expiation et des sept jours de la fête des Tabernacles, en tout douze jours. L'apparition de l'ange et le mutisme de Zacharie survinrent le premier jour de la fête de l'Expiation, c'est-à-dire le dixième jour du septième mois des Hébreux (Tischri), 27 septembre du calendrier romain. C'est à cette date que vous autres, vous rapportez la conception d'Elisabeth, en supposant que c'est le jour même où cette conception fut annoncée par l'archange Gabriel que Zacharie rentra dans sa maison et que sa femme Elisabeth devint enceinte, tandis

[1] S. Luc, I, 23 et 24.

que Zacharie devait attendre la fin de la fête, ainsi que le prouve le récit de l'Evangéliste, où il est dit : *Lorsque les jours de son ministère furent terminés, il retourna en sa maison.* Cette maison était située dans les parties montagneuses de la Judée, loin de Jérusalem. Vous placez ainsi l'Annonciation de la Vierge au 25 mars, et la Nativité de Jésus-Christ au 25 décembre, douze jours avant nous.

Mais nous, qui nous fondons sur les paroles de saint Luc, nous disons que la conception d'Elisabeth eut lieu après que les douze jours des deux fêtes, qu'on appelle jours du sacerdoce de Zacharie, furent finis, c'est-à-dire le 23 du mois hébreu Tischri, ou 10 octobre.

D'après ce calcul, l'Annonciation de la Vierge Marie doit toujours tomber le 7 avril et Noël le 6 janvier. Trente ans après, le même jour du mois où le Sauveur était né, quoiqu'à un jour différent de la semaine, il fut baptisé dans le Jourdain, ce qui est un compte parfaitement exact. S'il avait, en effet, trente ans, ni plus, ni moins, il s'ensuit que le jour de son baptême dut coïncider avec le jour de sa naissance, en comptant trente années pleines sans y rien ajouter. Mais si la nativité est antérieure et précède le baptême de douze jours, alors il n'y avait pas lieu de dire que *Jésus avait environ trente ans*[1], mais qu'il était entré dans sa trente et unième

[1] S. Luc, III, 23.

année, ainsi que cela résulte de la dénomination des jours. En effet, au lever du soleil, nous donnons au jour un nom nouveau et non point celui du jour qui est écoulé ; il en est de même pour les mois et pour les années, où le premier jour s'appelle du nom du jour commencé et non de celui qui est passé. C'est d'après ces considérations mûrement examinées que les saints Pères des premiers siècles avaient décrété de célébrer, en un même jour, le mystère de la nativité et du baptême de Jésus-Christ. Nous, en nous conformant à cette règle, nous ne faisons que suivre leurs traditions.

Il y a, en outre, un autre mystère à envisager ici. Comme le Sauveur est né, selon la chair, de la Vierge, de même il a pris une nouvelle naissance par le baptême, dans le Jourdain, afin d'être un exemple pour nous. Et comme ce sont là deux naissances, quoique différant entre elles quant au mystère et quant au temps, néanmoins on a décidé de fêter à la fois, en un même jour, cette première et cette seconde nativité.

Il y a beaucoup d'autres raisons encore qui peuvent justifier la tradition arménienne, prouvent son accord avec les traditions des premiers Pères de l'Eglise, et montrent en même temps que ce n'est pas arbitrairement que nous restons à part des autres peuples, pour la célébration de ces solennités. Ce sont eux, au contraire, qui, ayant d'abord suivi les mêmes usages que nous, les ont changés à leur gré et les observent à présent d'une nouvelle manière.

Notre Eglise a maintenu cette antique coutume d'une manière invariable. Est-ce à cause de l'éloignement de notre pays, ou par suite d'une scission qui a fait naître des sentiments de haine? c'est ce que nous ignorons. La haine, en effet, ne s'oppose pas seulement à l'introduction de nouvelles traditions, mais elle s'efforce même d'éloigner des usages antiques ceux qui se haïssent comme adversaires; tandis qu'une charité ardente excite à faire non-seulement ce qui est convenable et facile, mais ce qui est pénible et inopportun, par condescendance pour ceux que nous aimons. D'ailleurs, à ce qu'il me semble, le principal en cela n'est pas la date du mois ou le nom du jour, mais seulement l'aversion qui en résulte. Car, quel que soit le jour où l'on célèbre une fête, si c'est sans dispute qu'on le fait, on se rend agréable à Dieu.

Qu'y a-t-il de plus grand que la solennité de Pâques, sur laquelle plusieurs Eglises étaient en désaccord, ainsi que le rapporte Eusèbe de Césarée? Les habitants de l'Asie Mineure la célébraient le jeudi, comme dans l'ancienne Loi, d'après l'enseignement de l'évangéliste saint Jean, tandis que l'Eglise de Rome la fait le dimanche, jour de la Résurrection de Notre-Seigneur. Mais, après quelques légères discussions, l'accord fut rétabli des deux côtés par saint Irénée, disciple des Apôtres.

Il dit aux uns et aux autres : « La vérité de la foi « étant la même pour tous, il ne convient pas de « se disputer pour une différence dans l'époque « des fêtes ; car tout ce qui se fait pour la gloire « de Dieu est agréé par lui également. C'est ainsi « que la coloration de la peau, qu'elle soit noire ou « blanche, ne peut faire de tort au corps, si la con-« stitution du corps est saine. » Il en est de même pour ceux qui ont une foi vraie : la variété dans l'observance des fêtes ou dans quelque point de discipline ecclésiastique ne peut préjudicier en rien à leur salut.

Ainsi le trisagion[1], par lequel on invoque dans vos églises les trois Personnes de la Trinité, et que nous, nous n'adressons qu'au Fils, est une hymne mystique et sublime dans l'un et l'autre cas, si l'on n'en fait pas l'objet d'une controverse ; que si, au contraire, elle suscite des disputes, ce n'est plus un chant de louange, mais de blasphème.

Quelques-uns d'entre vous, nous calomniant, objectent que, dans le trisagion, nous disons la *Trinité crucifiée;* mais les nôtres, à leur tour, vous répondent que vous ne nommez pas celui qui a été crucifié pour nous *Dieu fort et immortel dans la mort*, mais que vous l'appelez *Homme* simplement ; et les deux partis tâchent dans ce débat de s'arra-

[1] Dieu saint, Dieu fort, Dieu immortel, ayez pitié de nous.

cher une victoire regrettable. Nous, quoique nous adressions ce cantique au Fils seul, selon la tradition des premiers Pères de l'Eglise, il y a cependant certains offices où nous chantons l'hymne des séraphins en l'honneur de la Trinité. Si les deux partis pouvaient se mettre d'accord par la volonté de Dieu, alors tout pourrait être arrangé au moyen de l'addition de quelques mots. Une première fois, le trisagion, conçu en ces termes : *Dieu fort et immortel*, serait consacré au Père; la seconde fois au Fils, et la troisième fois au Saint-Esprit; de manière que chacune des trois Personnes fût glorifiée d'une manière égale et complète, et non à moitié et en partie, comme cela serait si l'on disait le Père *Dieu* seulement, sans ajouter *fort et immortel;* et le Fils, *fort*, en omettant les mots *Dieu* et *immortel;* et le Saint-Esprit, *immortel*, en négligeant les mots *Dieu* et *fort*. Il faut, au contraire, appliquer aux trois Personnes et à chacune d'elles séparément ces trois attributs.

C'est de la même source que découle une objection sans fondement au sujet de la sainte croix, à savoir si le bois dont on l'a faite doit être joint ou non au moyen de clous. A cet égard, il n'y a chez nous aucun précepte positif. Et, d'ailleurs, d'après quel enseignement pourrions-nous admettre que la croix doit être honorée sous un aspect et dédaignée sous un autre? Est-ce par un commandement de Dieu? Mais il n'en existe pas de pareil. Ces difficultés proviennent sans doute des embûches que nous dresse Satan, qui veut que le signe qui sert à le vaincre soit insulté par ceux-là même qui le révèrent, et qui voudrait voir ce signe détruit par leurs mains, afin d'en faire un jeu pour lui, et pour eux une cause de perdition. Si ce n'était pas cela, quel serait le tort qu'un clou peut faire à la foi? Il est évident que ce clou n'est placé par nous que pour que les bras de la croix restent superposés, sans pouvoir se disjoindre; et, d'ailleurs, ce qui achève de prouver ce que j'avance, c'est que les croix d'or ou d'argent ne se faisant pas de deux morceaux, nous n'y mettons pas de clou. On ne peut supposer que la vraie croix fût sans clous, car elle n'aurait pu supporter le poids d'un corps.

Selon une idée symbolique, l'arbre de la croix, ou la partie perpendiculaire, est l'emblème de la Divinité, la partie transversale, celle de l'humanité, et le clou qui les relie ensemble signifie l'amour qui unit Dieu aux hommes. Quel mal y a-t-il pour l'âme que les clous soient ou non employés dans cette conjoncture? Une dispute sur un pareil sujet est un enfantillage, indigne d'un homme parvenu à l'âge mûr.

En ce qui touche la cérémonie de la bénédiction de la croix, que nous avons adoptée des premiers Pères de l'Église, et sur laquelle vos docteurs élèvent des difficultés, nous serons court. Nous-même l'avons retrouvée dans ce pays-ci, écrite en caractères grecs dans un Ancien Testament. Est-il plus convenable de lire d'abord les paroles divines tirées des Prophètes, des Apôtres, des Evangélistes, et de réciter les oraisons que prononce le prêtre sur une croix neuve, et puis de l'ériger vers l'Orient et de l'adorer? ou faut-il simplement se prosterner devant un objet matériel, sans l'avoir béni, comme si tout objet de forme quadrangulaire, qui s'offre au regard dans les peintures ou partout ailleurs de quelque autre manière, était digne d'adoration?

Parlerai-en encore des images du Sauveur et des saints, contre lesquelles quelques-uns des nôtres, gens ignorants, témoignent de l'aversion? Vous vous en scandalisez, regardant cette conduite comme une prescription imposée par nous à toute notre nation. Mais nous, ainsi que tous ceux qui suivent notre exemple, nous comprenons et nous enseignons qu'en présence de la croix qui a porté un Dieu, ce n'est pas à un objet matériel que nous rendons hommage, mais au Dieu invisible qui y a été attaché; de même, dans l'image du Sauveur, ce n'est point une peinture matérielle que nous adorons, mais le Christ, qui est l'image de Dieu le Père, invisible.

Nous honorons et glorifions les images des saints, en les regardant comme nos médiateurs et nos protecteurs auprès de Dieu : c'est-à-dire que nous offrons nos adorations à Dieu en les prenant pour intercesseurs; car ce n'est qu'à l'image seule du Créateur, et non à des créatures, qu'est due l'adoration. L'image comme le nom sont une même chose, l'une étant une simple forme, et l'autre une simple appellation significative, l'une rappelant à l'œil et l'autre à l'oreille l'idée d'une chose.

Nous nous prosternons aussi devant les hommes, non-seulement devant ceux qui en sont dignes, mais même devant ceux qui en sont indignes, en tant qu'ils portent en eux, pendant leur vie, l'image de la Divinité, c'est-à-dire, l'âme. Quand elle est séparée du corps, alors il n'appartient plus qu'aux corps des saints d'être honorés ; car, suivant ce qui est écrit, ***Dieu repose dans leurs ossements***[1]. Mais les corps de ceux qui ne sont point parvenus à la sainteté ne doivent point être l'objet d'un pareil hommage, car ils ne contiennent rien de divin en eux. Le nom et l'image seuls, abstraction faite de la substance, lors même qu'ils appartiendraient à des saints, tout comme à des personnes dénuées de sainteté, ne doivent point être honorés. Car le propre du Créateur seul est d'être présent en tous lieux par son essence ; c'est pourquoi son essence invisible est adorée dans son image visible et dans son nom. L'essence des êtres créés est contenue seulement dans le lieu où elle se trouve et non en tous lieux. Comme l'image visible d'une créature ne contient pas en soi son type invisible, ainsi que cela a lieu pour l'image du Créateur, il s'ensuit

[1] Psaume XXXIII, 21.

qu'il ne faut pas adorer l'image d'une créature humaine à l'égal de l'image de Dieu. Il y a sur ce point un témoignage de l'Apôtre qui dit que, par suite de cette pleine soumission du Fils, revêtu de notre nature, envers son Père, soumission qui alla jusqu'à la mort de la croix, le Père lui donna pour récompense *un nom qui est au-dessus de tout nom*[1]. Comment ce nom est au-dessus de tout nom, c'est ce que l'Apôtre explique dans le même passage : *Afin qu'au nom de Jésus*, dit-il, *tout genou fléchisse, dans le ciel, sur la terre et dans les enfers*[2].

Si donc le nom de Jésus-Christ est, comme son image, au-dessus de tout nom et l'objet de l'adoration de tout ce qui existe dans le ciel et sur la terre, selon les paroles de l'Apôtre, par conséquent son nom doit être glorifié à l'égal de son image, ainsi que nous l'avons dit. Ainsi, il ne convient pas de regarder comme signes d'adoration l'image et le nom d'êtres d'une nature servile, à l'égal du nom et de l'image du Seigneur. Nous autres créatures, nous ne devons adorer seulement que l'image, reproduite par la peinture, de notre Créateur et Sauveur.

Quant aux images des fidèles serviteurs de Dieu, qui par leur nature ont été serviteurs comme nous, il faut honorer et respecter ces images, suivant

[1] S. Paul, Epître aux Philippiens, II, 9.
[2] *Ibid.*, 2.

le mérite de ceux qu'elles représentent. Leur contemplation doit nous exciter à imiter la vie vertueuse de ceux dont elles nous rappellent les traits et à la prendre pour modèle, tout en réfléchissant sur les afflictions réelles qu'ils ont éprouvées. Que celui qui les méprise ne s'imagine point que ses dédains tombent sur une simple image matérielle, mais sur celui qu'elle représente, que ce soit celle du Seigneur lui-même ou de ses serviteurs.

Je vais ajouter quelques mots sur le jeûne nommé *aradchavork* (c'est-à-dire, préalable), et à propos duquel votre parti a inventé une fable.

Un moine nommé Serge, prétendent-ils, avait un âne et un chien; ce chien précédait toujours son maître dans les lieux où il se rendait, et annonçait par là sa venue, afin que les populations accourussent au-devant de lui. C'est parce que ce chien précédait toujours son maître, ajoutent-ils, que nous avons donné au jeûne le nom de l'animal, d'après l'ordre de ce même Serge. Une calomnie pareille est pire que toutes les fausses doctrines des païens.

Voilà le fruit de la haine ; lorsqu'on déteste quelqu'un, on se bouche les oreilles pour ne pas en entendre dire du bien, et ce bien, on le tient pour un mensonge, tandis qu'on accueille avidement les faussetés et les fables, et qu'on les prend pour des vérités, comme on le voit par ce seul exemple. Si nous nous trouvions dans les ténèbres de l'ignorance, comme sont celles de l'idolâtrie, il serait impossible de nous imputer une invention aussi ridicule ; mais cela ne se peut, maintenant moins que jamais, lorsque toute la terre est remplie de la connaissance de Dieu, et que le flambeau de la sagesse éclaire le monde. La première raison pour laquelle nous appelons ce jeûne *aradchavork*, c'est parce qu'il précède le grand carême et qu'il en est comme l'avant-coureur. En second lieu, c'est parce qu'il est le premier carême qu'imposa saint Grégoire à la nation arménienne, quand il fut retiré de la fosse où il avait été précipité.

Il voulut alors que ceux qui avaient été frappés d'un châtiment céleste jeûnassent cinq jours, afin de se rendre dignes par cette pénitence d'obtenir leur guérison[1] ; c'est pourquoi un grand nombre de per-

[1] Dans l'exposé de la foi arménienne adressé au prince Alexis, saint Nersès explique ainsi l'origine de ce jeûne de cinq jours : « Lorsque saint Grégoire, notre Illumina-« teur, sortit du souterrain de Khor-Virab, et que se « rassemblèrent devant lui le roi d'Arménie Tiridate, qui, « par un châtiment de Dieu, avait été changé en sanglier, « ainsi que tous les grands du royaume et les troupes « tourmentés de l'esprit malin, il leur prescrivit à tous « un jeûne de cinq jours, et une abstinence absolue de « nourriture pendant ce temps, à l'exemple des Ninivites. « Par cette pénitence, il opéra leur guérison. Ce jeûne « qui, pour ce motif, fut établi autrefois par saint Gré-« goire, devint une institution qu'il prescrivit d'observer « d'année en année dans l'Eglise d'Arménie, afin que ses

sonnes jeûnent maintenant pendant ces cinq jours, selon l'usage antique. Dans la suite, on a jugé convenable d'ajouter ce jeûne à celui des Ninivites, que les Syriens et les Egyptiens observent rigoureusement. Chez nous, la raison pour laquelle on célèbre, à la fin de ce premier carême, la mémoire de saint Serge, général d'armée, c'est parce que, dans le cours de l'année, le 30 janvier est le jour où saint Serge versa son sang pour la foi de Jésus-Christ.

Voilà pourquoi on a décidé de faire sa fête le samedi de la même semaine, de même que le premier samedi du grand carême tous les chrétiens célèbrent la mémoire de saint Théodore.

« compatriotes n'oubliassent pas les bienfaits du Sei-« gneur. On jugea convenable de joindre ce jeûne, auquel « les Arméniens étaient redevables de leur salut, à celui « des Ninivites, par lequel ceux-ci avaient été préservés « des menaces de mort, et que pratiquent encore aujour-« d'hui les Syriens et les Egyptiens. »

Voir *Discours et Lettres de saint Nersès*; édition de Saint-Pétersbourg, in-4°, 1788, p. 99.—Cf. la traduction latine des OEuvres de saint Nersès : *S. Nersetis Clajensis Opera, studio et labore J. Cappelletti presbyteri Veneti*, Venetiis, typis PP. Mechitaristarum in insula S. Lazari, t. I, p. 193, 1833, in-8°. — Cf. aussi, sur l'origine du jeûne appelé *aradchavork* : Agathange, *Histoire de la prédication de saint Grégoire et de la conversion de l'Arménie au christianisme*, p. 523; Zénob de Klag, *Histoire du pays de Darón*, p. 44; ainsi que l'*Histoire universelle* encore inédite d'Etienne Assoghig, liv. II, ch. I.

Ce Serge, d'après son histoire, était un général, originaire de la Cappadoce, au temps de Constantin le Grand. Il se distingua par sa valeur dans les guerres contre les Barbares, et par sa foi ardente en Jésus-Christ. Quand Julien l'Apostat monta sur le trône, le pieux Serge se réfugia en Perse, et c'est là qu'avec son fils il rendit témoignage à Jésus-Chrit devant le roi Sapor, et qu'ayant eu la tête tranchée, il reçut la palme du martyre.

C'est là tout ce que j'ai à dire sur les traditions relatives à notre foi et à la discipline de notre Eglise. Lorsqu'on lira cet exposé devant Votre auguste Majesté, que votre haute sagesse ne pense pas que nos paroles ont été dictées par un esprit de fausseté ou d'adulation, comme si nous avions retracé des lignes qui ne sont pas déjà gravées dans notre cœur. Celui qui agit ainsi mérite que *Dieu disperse ses ossements*[1], selon la parole du prophète au sujet des hypocrites. Car le flambeau de la foi ne doit point être caché sous le boisseau, dans les ténèbres; mais il doit être placé sur le chandelier de la vérité. La foi qui se cache est semblable à l'impiété, parce qu'alors il y a fraude et non vérité.

Que le Seigneur daigne fertiliser la semence de nos paroles, répandue sur le terrain fécond de vos idées, et la fasse multiplier. Cette semence ne sera

[1] Ezéchiel, VI, 5.

point étouffée par les ronces ou privée de racines et desséchée, ou bien mangée par les oiseaux du ciel. Qu'on en recueille les fruits de paix et d'amour pour la grande œuvre que vous poursuivez, non point à la même mesure ou au double du gain qui a été confié à la terre, mais au centuple d'une triple mesure. Ainsi, et vous, et ceux qui ont cultivé ce champ spirituel, vous serez rétribués suivant la quantité de la récolte, par Notre Seigneur Jésus-Christ, auquel appartiennent la gloire et l'honneur, ainsi qu'au Père et au Saint-Esprit, maintenant, et à jamais, dans les siècles des siècles. Amen.

TROISIÈME PARTIE.

LITURGIE

DE NOTRE BIENHEUREUX PÈRE SAINT GRÉGOIRE L'ILLUMINATEUR,

RÉVISÉE ET AUGMENTÉE

PAR LES SAINTS PATRIARCHES ET DOCTEURS SAHAG (ISAAC),

MESROB, KUD ET JEAN MANTAGOUNI,

OU

ORDINAIRE DE LA SAINTE MESSE

A L'USAGE DE L'ÉGLISE ORTHODOXE ARMÉNIENNE ORIENTALE.

Avant de commencer le saint Sacrifice, le prêtre officiant doit se confesser à un autre prêtre; puis, suivi des diacres, il entre dans la sacristie, et pendant que ceux-ci revêtent les ornements sacrés, il récite à voix basse, alternativement avec un des diacres, les versets du psaume CXXXI :

Seigneur, souvenez-vous de David et de sa mansuétude.

Souvenez-vous qu'il a juré au Seigneur et a fait vœu au Dieu de Jacob :

Je n'entrerai point dans l'intérieur de mon palais, je ne monterai point sur la couche où je prends mon repos;

Je n'accorderai point le sommeil à mes yeux, ni l'assoupissement à mes paupières,

Ni le repos à mon corps, jusqu'à ce que j'aie trouvé un lieu pour le tabernacle du Seigneur, Dieu de Jacob.

Voilà que nous avons appris que l'arche a été dans Ephrata, et nous l'avons trouvée dans des plaines couvertes de forêts.

Nous entrerons dans son tabernacle, nous l'adorerons dans le lieu où ses pieds se sont reposés.

Levez-vous, ô Seigneur, pour entrer dans votre repos, vous et votre saint Testament.

Que vos prêtres se revêtent de justice, et que vos saints tressaillent d'allégresse.

A cause de David, votre bien-aimé, ne détournez pas votre face de votre Christ.

Le Seigneur a juré à David en vérité, et il ne l'a pas trompé :

Je placerai sur ton trône le fruit de tes entrailles.

Si tes fils observent ma loi et le témoignage que je leur enseignerai, leurs fils resteront assis sur ton trône, dans les siècles des siècles.

Car Sion a plu au Seigneur, et il y a choisi sa demeure.

Il a dit : C'est là qu'est le lieu de mon repos dans les siècles des siècles; c'est là que j'ai habité, parce que je m'y suis convenu.

Je comblerai ses veuves de mes bénédictions, et je rassasierai ses pauvres de pain.

Je revêtirai ses prêtres de salut, et ses saints seront dans les transports de la joie.

Là je ferai paraître la corne de David, et je préparerai le flambeau de mon Christ.

Je couvrirai ses ennemis de confusion; mais sur lui brillera ma sainteté.

Gloire au Père, au Fils et au Saint-Esprit, maintenant et à jamais, dans les siècles des siècles. *Amen.*

LE DIACRE. Unissons-nous pour prier le Seigneur de répandre sur nous les grâces de sa miséricorde; que le Seigneur tout-puissant nous vivifie et ait compassion de nous.

Ayez pitié de nous, Seigneur notre Dieu, suivant la grandeur de votre miséricorde.

Disons tous ensemble :

Seigneur, ayez pitié de nous!

Cette invocation se répète douze fois.

Vous qui, enveloppé de lumière comme d'un vêtement, ô Jésus-Christ notre Seigneur, êtes apparu sur la terre dans une indicible humilité, et avez vécu parmi les hommes; vous qui avez été le pontife éternel, selon l'ordre de Melchisédech, et avez orné votre sainte Eglise; qui nous avez accordé, ô Seigneur tout-puissant, de nous parer du même vêtement céleste, rendez-moi digne maintenant, moi, votre pauvre serviteur, du ministère spirituel de votre gloire, dont j'ose m'approcher. Faites que je me dépouille de toutes mes iniquités, qui sont le vêtement de l'abomination, et que je sois brillant de votre lumière. Eloignez de moi toute souillure, effacez mes péchés, afin que je devienne digne de la splendeur que vous avez préparée. Faites-moi la grâce d'entrer avec la pompe sacerdotale dans votre sanctuaire, où je vais offrir le saint Sacrifice, en compagnie de ceux qui ont observé vos commandements avec un cœur pur, afin que je sois trouvé convenablement préparé pour entrer dans la chambre nuptiale, avec les vierges sages, et afin de vous glorifier, ô Jésus-Christ! vous qui avez expié les péchés du monde; car vous êtes la sanctification de nos âmes. C'est à vous, ô Dieu de miséricorde, que conviennent la gloire, la puissance et l'honneur, maintenant et à jamais, dans les siècles des siècles. *Amen.*

Avant de s'habiller, le prêtre ôte ses chaussures, et met des bas blancs et des sandales que l'on conserve pour cet usage à l'église. (Ce n'est qu'en sandales qu'il peut se présenter à l'autel pour dire la messe.) En même temps, les diacres s'approchent de lui et le revêtent des habits sacerdotaux. A chacune des parties du costume sacré, le diacre qui en est chargé dit :

Prions encore en paix le Seigneur.

Un autre diacre répond :

Seigneur, faites miséricorde.

LE PRÊTRE. Bénédiction et gloire au Père et au Fils et au Saint-Esprit, maintenant et à jamais, dans les siècles des siècles. *Amen.*

Puis le prêtre dit, en mettant sur sa tête la couronne sacerdotale :

Placez sur ma tête, Seigneur, le casque du salut, afin que je combatte les forces de l'ennemi, par la grâce de Notre-Seigneur Jésus-Christ, à qui sont dus gloire, puissance et honneur, maintenant et à jamais, dans les siècles des siècles. *Amen.*

Le prêtre se revêtant de l'aube[1], dit :

Revêtez-moi, Seigneur, du vêtement de salut et de la tunique d'allégresse, et ceignez-moi de l'habit de rédemption, par la grâce de Notre-Seigneur Jésus-Christ, etc.

Pour l'étole[2] :

Seigneur, entourez mon cou de justice, et purifiez mon cœur de toute souillure du péché, par la grâce de Notre-Seigneur Jésus-Christ, etc.

Pour la ceinture :

Que la ceinture de la foi ceigne mon cœur et

[1] En grec, στοιχάριον.
[2] En grec ἐπιτραχήλιον.

mon esprit, y détruise les pensées impures, et que la vertu de votre grâce y réside toujours, par la grâce de Notre-Seigneur Jésus-Christ, etc.

Pour les manipules :

Seigneur, accordez la force à ma main, et lavez-moi de toute souillure, afin que je puisse vous servir avec une parfaite pureté d'âme et de corps, par la grâce de Notre-Seigneur Jésus-Christ, etc.

Pour le *vagas* [1], mêmes oraisons que pour l'étole.

Pour la chasuble :

Seigneur, par votre miséricorde, couvrez-moi du vêtement de splendeur, et fortifiez-moi contre les assauts de l'Esprit du mal, afin que je sois digne de glorifier votre nom glorieux, par la grâce de Notre-Seigneur Jésus-Christ, etc.

Après avoir revêtu tous les vêtements sacerdotaux, le prêtre ajoute :

Mon âme se réjouira dans le Seigneur, parce qu'il m'a revêtu du vêtement de salut et du manteau d'allégresse; il a placé sur mon front, comme sur

1 Le vagas est un ornement demi-circulaire, qui se place sur les épaules et autour du cou, et qui a quelque analogie avec l'amict des prêtres latins. Il est ordinairement en métal, et à l'extérieur sont représentées souvent les figures des douze apôtres.

celui d'un époux, la couronne, et il m'a paré d'ornements, comme une mariée, par la grâce de Notre-Seigneur Jésus-Christ, etc.

Pendant que le célébrant s'habille dans la sacristie, les clercs chantent à l'église l'hymne suivante :

O Mystère profond, incompréhensible et sans commencement, qui avez placé les Principautés célestes dans le séjour de la lumière impénétrable ; les chœurs des esprits de feu, entourés d'une gloire éclatante ;

Qui, par votre ineffable et merveilleux pouvoir, avez créé Adam à votre image souveraine, et l'avez entouré de pompe et de gloire, dans l'Éden, le jardin de délices ;

Par la passion de votre Fils unique, toutes les créatures ont été renouvelées, l'homme a repris de nouveau l'immortalité, et il a été paré d'un vêtement dont il ne pourra plus être dépouillé.

O Esprit-Saint, Dieu, qui, sous la forme d'une pluie de feu d'une ineffable fécondité, êtes descendu sur les apôtres dans le cénacle sacré, répandez aussi sur nous votre sagesse, en même temps que nous nous revêtons de cette tunique.

A votre demeure appartient la sainteté, et puisque vous seul êtes enveloppé de splendeur et entouré d'une sainteté glorieuse, ceignez-nous de vérité.

Vous, qui avez étendu vos bras créateurs vers les

étoiles, armez de force nos bras, afin qu'en levant nos mains, nous puissions nous rendre intercesseurs auprès de vous.

Par le diadème qui ceint notre tête, protégez notre pensée, et par l'étole, qui porte le signe de la croix, gardez nos sens, étole semblable à celle d'Aaron, belle, brillante de fleurs d'or pour l'ornement du sanctuaire.

O Dieu unique, véritable maître souverain de toutes les créatures, qui nous avez revêtus de la chasuble, symbole d'amour, pour nous rendre dignes ministres de votre saint mystère;

Conservez, ô Roi céleste, votre Église inébranlable, et gardez en paix les adorateurs de votre saint nom.

Prières avant la liturgie.

Le prêtre précédé du diacre, qui a dans la main gauche un cierge et à la main droite l'encensoir, sort de la sacristie et va se placer au milieu du chœur, au pied de l'estrade sur laquelle s'élève l'autel. On lui présente de l'eau pour se laver les mains ; et tandis qu'il remplit cette cérémonie, il dit à haute voix le psaume XXV :

LE PRÊTRE. Je laverai mes mains avec sainteté, ô mon Dieu, et je me présenterai devant votre autel, ô Seigneur.

Le prêtre et le diacre alternent les versets suivants :

Jugez-moi, Seigneur, parce que j'ai marché dans

l'innocence ; j'ai mis mon espérance dans le Seigneur, je ne serai pas confondu.

Éprouvez-moi, Seigneur, et sondez mon âme : éprouvez par le feu mes reins et mon cœur, car votre miséricorde est toujours devant mes yeux, et j'ai mis ma joie dans votre vérité.

Je ne siégerai point dans les assemblées de vanité, et je n'entrerai point dans le conseil des méchants.

Je hais l'assemblée des pervers, et je n'ai pas pris place avec les impies.

Je laverai mes mains avec sainteté, et je me présenterai devant votre autel, ô Seigneur ;

Afin que j'entende la voix de vos louanges, et que je raconte moi-même vos merveilles.

Seigneur, j'ai aimé la beauté de votre maison, et le lieu où réside votre gloire.

Seigneur ne perdez pas mon âme avec les impies, et ma vie avec les hommes de sang.

Leurs mains sont souillées d'iniquités, et leur droite est remplie de présents corrupteurs.

Pour moi, j'ai marché dans l'innocence ; délivrez-moi, et faites-moi miséricorde.

Mes pieds ne se sont pas détournés de votre voie ; je vous bénirai, Seigneur, dans l'assemblée de vos enfants.

LE PRÊTRE *continue seul à haute voix* : Mon Dieu, par l'intercession de votre sainte Mère, daignez recevoir nos prières et sauvez-nous.

Le diacre. Que par l'intercession de la très-sainte Vierge et de tous les Saints auprès du Père céleste, il daigne avoir pitié de nous, et que dans sa bonté il sauve ses créatures ; Seigneur, notre Dieu tout-puissant, sauvez-nous et faites-nous miséricorde.

Le prêtre. Recevez, Seigneur, nos prières par l'intercession de la très-sainte Vierge, mère immaculée de votre Fils unique, et par l'intercession de tous vos Saints ; écoutez-nous, Seigneur, ayez pitié de nous, pardonnez-nous, purifiez-nous, et effacez tous nos péchés, et rendez-nous dignes de vous glorifier avec actions de grâces, vous, votre Fils, et votre Saint-Esprit, maintenant et à jamais, dans les siècles des siècles. *Amen.*

L'officiant, se tournant vers le peuple, dit :

Je confesse devant Dieu, la sainte Vierge et tous les Saints, et devant vous, mes pères et frères, toutes les fautes que j'ai commises. J'ai péché par pensée, par parole et par action, et j'ai commis tous les péchés dont l'homme se rend coupable ; j'ai péché, et je vous en supplie, demandez pardon à Dieu pour moi.

Un des prêtres assistants répond à l'officiant :

Que le Dieu tout-puissant te fasse grâce, et daigne te remettre tous tes péchés passés et présents ; qu'il t'en préserve à l'avenir, te raffermisse dans la pratique de toutes les bonnes œuvres, et que dans la vie future il te reçoive dans son sein. *Amen.*

L'officiant, toujours tourné vers les fidèles, ajoute :

Que Dieu, dans son amour pour les hommes, vous affranchisse aussi, qu'il vous remette vos péchés et vous donne le temps de faire pénitence.

En se retournant vers l'autel :

Que le Dieu tout-puissant et miséricordieux dirige à l'avenir votre vie par la grâce du Saint-Esprit, lui, à qui appartient la gloire dans les siècles des siècles. Amen.

LES CLERCS. Souvenez-vous de nous, en présence de l'immortel agneau de Dieu.

LE PRÊTRE. Vous ne serez pas oublié devant l'immortel agneau de Dieu.

Les clercs chantent le psaume XCIX :

Vous tous, habitants de la terre, chantez le Seigneur, servez le Seigneur avec joie.

Présentez-vous devant lui avec allégresse; sachez qu'il est le Seigneur notre Dieu.

C'est lui qui nous a créés et nous ne nous sommes pas créés nous-mêmes ; nous qui sommes son peuple et les brebis de ses pâturages.

Venez, en chantant, aux portes de son palais, venez avec des actions de grâce dans son parvis; célébrez-le, bénissez son saint nom;

Car le Seigneur est rempli de bonté; sa miséricorde est éternelle, et sa vérité s'étend d'âge en âge.

Gloire au Père, au Fils et au Saint-Esprit, maintenant et à jamais dans les siècles des siècles. *Amen.*

Le diacre. Au nom de la sainte Eglise, nous prions Dieu qu'il nous délivre du péché et nous vivifie par la plénitude de sa grâce. Seigneur, Dieu tout-puissant, sauvez-nous et ayez pitié de nous.

Le prêtre. Dans ce temple et en présence de ces insignes vénérés, splendides et sacrés, et dans ce saint lieu, nous nous prosternons avec crainte devant vous, en glorifiant votre sainte, admirable et victorieuse résurrection, et nous vous offrons bénédiction et gloire, ainsi qu'au Père et au Saint-Esprit, maintenant et à jamais, dans les siècles des siècles.

Le diacre encense le prêtre pendant que celui-ci dit la prière qui précède, puis tous les deux montent par les degrés de droite sur l'estrade où s'élève l'autel, le diacre étant en avant. Le prêtre, en montant vers l'autel, commence le psaume XLII :

Je m'approcherai de l'autel de Dieu, du Dieu qui remplit ma jeunesse de joie.

Avec le diacre alternativement :

Jugez-moi, Seigneur, et faites-moi justice dans ma cause ; sauvez-moi d'un peuple impie et de l'homme inique et trompeur.

Vous êtes ma force, ô mon Dieu ! Pourquoi m'avez-vous repoussé ? Pourquoi me laissez-vous marcher dans la tristesse, sous l'oppression de mon ennemi ?

Envoyez-moi votre lumière et votre vérité ; elles me guideront et me conduiront jusqu'à votre montagne sainte, dans vos tabernacles.

Je m'approcherai de l'autel de Dieu, du Dieu qui remplit de joie ma jeunesse ; je te confesserai avec bénédiction, ô Dieu, mon Dieu.

Pourquoi te troubler, ô mon âme ? Pourquoi gémir en moi ? Espère dans le Seigneur, je veux le louer encore. Le salut vient de son regard, il est mon Dieu.

Gloire au Père, au Fils et au Saint-Esprit.

Le diacre. Maintenant et à jamais, dans les siècles des siècles. *Amen.*

Prions encore en paix le Seigneur, et bénissons le tout-puissant Créateur, Dieu et Père de Notre-Seigneur Jésus-Christ, qui nous a rendus dignes d'avoir accès dans ce lieu de louanges, et d'y chanter des cantiques spirituels. Seigneur tout-puissant, notre Dieu, sauvez-nous et ayez pitié de nous.

Le prêtre. Dans ce tabernacle de sainteté, et

dans ce lieu de louanges, habitation des Anges, sanctuaire d'expiation et de propitiation pour les hommes, à la vue de ces insignes splendides et divins, prosternés au pied du saint autel, nous adorons en tremblant et nous glorifions votre sainte, admirable et victorieuse résurrection, et nous vous offrons bénédiction et gloire, ainsi qu'au Père et à l'Esprit-Saint, maintenant et à jamais, dans les siècles des siècles. *Amen.*

Après ces prières, on tire le rideau, qui reste fermé pendant tout le temps que dure l'oblation ou proscomidie [1].

Oblation ou Proscomidie.

Pendant que le rideau est fermé, les clercs chantent des hymnes, suivant la solennité du jour. — Le prêtre va dans le sanctuaire derrière l'iconostase par la porte du nord, où se trouve la table de l'offertoire, et la baise.

LE DIACRE *à demi-voix* : Prions en paix le Seigneur.

1 Si c'est un évêque qui dit la messe, le rideau se ferme un peu plus tard. Monté à l'autel, l'évêque ôte sa mitre, se met à genoux et récite à haute voix deux prières de saint Grégoire de Nareg, puis il se relève, et le diacre dit : « Seigneur, bénissez-nous. » — L'Evêque. « A vous, Seigneur, appartiennent la grâce, la puissance, l'amour des hommes et la gloire dans les siècles des siècles. » Ce n'est qu'alors qu'on tire le rideau.

Le prêtre *à demi-voix :* Bénédiction et gloire au Père, au Fils et au Saint-Esprit, maintenant et à jamais dans les siècles des siècles. *Amen.*

Le prêtre prend des mains du diacre le pain, et, le plaçant sur la patène, dit à demi-voix :

En mémoire de Notre-Seigneur Jésus-Christ.

Le diacre, en présentant le vin, prononce, ainsi que le prêtre, les mêmes paroles que pour le pain. Le prêtre prend le vin des mains du diacre et dit à demi-voix :

En mémoire de l'incarnation salutaire de Notre-Seigneur Dieu et Sauveur Jésus-Christ.

Il verse le vin dans le calice, puis il récite à voix basse la prière de l'oblation de saint Jean Chrysostome :

O Dieu ! notre Dieu, qui nous avez envoyé le pain céleste, la nourriture du monde entier, Notre-Seigneur et Dieu Jésus-Christ, notre Sauveur, Rédempteur et bienfaiteur, pour nous bénir et nous sanctifier ; vous-même, ô Seigneur, daignez bénir cette offrande et la recevoir sur votre autel céleste. Souvenez-vous, dans votre bonté et votre miséricorde, de ceux qui vous offrent ces dons, ainsi que de ceux pour lesquels ils sont offerts, et conservez-nous purs de toute faute, dans la célébration de vos divins mystères : car votre nom très-glorieux et sublime est sanctifié et glorifié, au nom du Père, du Fils et du Saint-Esprit, maintenant et à jamais, dans les siècles des siècles. *Amen.*

Couvrant le calice avec le voile, il dit à voix basse le psaume XCII :

Le Seigneur règne, il s'est revêtu de gloire et de majesté ; le Seigneur s'est revêtu de force, il est sorti de son repos.

Il a affermi la vaste terre, et elle ne sera pas ébranlée. Ton trône, ô Jehovah ! était fondé avant tous les temps : tu es de toute éternité.

O Dieu ! la mer a fait entendre sa voix, la mer a soulevé ses flots au bruit de ses longs mugissements.

Admirables sont les soulèvements de la mer ; mais le Seigneur, qui est en haut des cieux, est encore plus admirable.

O Dieu ! tes oracles sont infaillibles ; la sainteté est l'ornement de ta demeure pendant toute la durée des siècles.

Gloire au Père, au Fils et au Saint-Esprit, maintenant et à jamais, dans les siècles des siècles. Amen.

Le prêtre bénit le calice en faisant par-dessus le signe de la croix trois fois de suite, et dit à voix basse :

Que le Saint-Esprit descende sur ces dons et que la puissance de Dieu les bénisse.

Le diacre présente l'encensoir au prêtre en disant :

Prions encore en paix le Seigneur, qu'il nous exauce, nous sauve et ait pitié de nous.

Le prêtre. Que la bénédiction et la gloire soient au Père, au Fils et au Saint-Esprit.

Prenant l'encensoir, il encense les saintes espèces qui sont sur la table de l'offertoire, et dit à demi-voix :

Je vous offre cet encens, ô Notre-Seigneur Jésus-Christ, ce parfum spirituel ; acceptez-le dans votre sainte, céleste et immatérielle demeure, en odeur de suavité, et envoyez-nous en retour le don et la grâce du Saint-Esprit, car nous vous glorifions avec votre Père et le Saint-Esprit, maintenant et à jamais, dans les siècles des siècles. *Amen.*

Tout en disant cette prière, il quitte la table de l'offertoire, et avec le diacre s'approche de l'autel, qu'il encense. A ce moment le rideau s'ouvre et le prêtre descend de l'estrade où s'élève l'autel, et, précédé du diacre, qui tient un cierge, il fait le tour de l'église en encensant les saintes images et les fidèles.

Pendant cette cérémonie, les clercs chantent :

O Christ ! qui par votre sang avez rendu votre Église plus lumineuse et plus splendide que les cieux, et qui, à l'instar des chœurs célestes, y avez disposé les chœurs des apôtres, des prophètes et des saints docteurs ; maintenant réunis, nous prêtres, diacres, clercs et ecclésiastiques, nous vous offrons, ô Seigneur, l'encens, comme autrefois Zacharie ; que nos prières, qui montent vers vous, à travers ces nuages d'encens, vous soient agréables comme les sacrifices d'Abel, de Noé et d'Abraham; et par l'intercession de vos Dominations célestes, soutenez pour toujours et rendez inébranlable le siége (patriarcal) d'Arménie.

Vers la fin de cette hymne, le prêtre ayant fait le tour de l'église remonte, par les degrés de droite, vers l'autel qu'il encense trois fois et baise, puis il prend l'encensoir des mains du diacre et se tient devant l'autel, tandis que le diacre est à sa droite.

L'Office divin de la Liturgie.

LE DIACRE. Seigneur, bénissez-nous.

LE PRÊTRE. Béni soit le règne du Père, du Fils et du Saint-Esprit, maintenant et à jamais, dans les siècles des siècles. *Amen.*

LES CLERCS. Fils unique et Verbe de Dieu immortel, vous qui avez voulu pour notre salut vous incarner dans le sein de votre sainte Mère, Marie toujours vierge, et devenir homme comme nous; vous qui, dans votre crucifiement, ô Notre-Seigneur Jésus-Christ, notre Dieu, avez détruit la mort par votre mort, vous, l'une des trois personnes de la Trinité, et glorifié avec le Père et le Saint-Esprit, ayez pitié de nous.

LE DIACRE. Prions encore en paix le Seigneur : recevez-nous, Seigneur, secourez-nous et faites-nous miséricorde. Seigneur, bénissez-nous.

LE PRÊTRE. Que la bénédiction et la gloire soient

au Père, au Fils et au Saint-Esprit, maintenant et à jamais dans les siècles des siècles. *Amen.*

Le prêtre, se tournant vers les fidèles, les bénit avec la main [1], et dit :

Que la paix soit avec vous tous.

LES CLERCS. Et avec votre esprit.

LE DIACRE. Prosternons-nous devant le Seigneur.

LES CLERCS. Devant vous, ô Seigneur.

LE PRÊTRE. Seigneur notre Dieu, dont le pouvoir est sans limites et la gloire incompréhensible, dont la miséricorde est immense et la tendresse infinie, jetez les yeux, dans votre amour ineffable, sur votre peuple et sur ce saint temple, et usez envers nous et envers ceux qui sont unis à nous dans la prière, de miséricorde et de clémence. Car à vous appartiennent la gloire, la puissance et l'honneur, maintenant et à jamais, dans les siècles des siècles. *Amen.*

Les clercs chantent les psaumes et les cantiques propres du jour, ainsi que les hymnes suivantes :

Que toute la terre glorifie notre Roi Jésus-Christ, qu'elle offre ses actions de grâce au Créateur du ciel et de la terre. Nous offrons à la sainte Trinité,

[1] Si c'est un archevêque ou un évêque qui officie, il bénit avec la croix jusqu'au moment du trisagion.

Dieu unique, l'hommage et l'adoration dans les siècles des siècles. *Amen.*

Le prêtre, pendant que les clercs chantent, dit à voix basse :

Seigneur, notre Dieu, sauvez votre peuple et bénissez votre héritage, conservez votre Église dans sa plénitude, sanctifiez ceux qui saluent avec amour la magnificence de votre maison; rendez-leur gloire pour gloire par votre divine toute-puissance; et ne nous abandonnez pas, nous qui mettons notre espérance en vous. Car à vous appartiennent la puissance, la force et la gloire, maintenant et à jamais, dans les siècles des siècles. *Amen.*

Il ajoute à haute voix :

Que la paix soit avec vous tous.

Les clercs. *Amen.*

Le prêtre, *à haute voix.* Vous qui nous avez enseigné à prier en commun et dans un même esprit, qui nous avez promis que les demandes de deux ou trois, unis en votre nom, seront exaucées, ô Seigneur, accueillez avec faveur les instances de vos serviteurs, en nous accordant en ce monde la connaissance de votre vérité, et en nous donnant dans le monde futur la vie éternelle; parce que vous êtes un Dieu bienfaisant et plein d'amour, et qu'à vous appartiennent la gloire, la puissance et l'honneur, maintenant et à jamais, dans les siècles des siècles. *Amen.*

Le prêtre se retourne et bénit les fidèles.

Les clercs chantent les hymnes propres du jour; pendant ce temps, le prêtre dit à voix basse :

Seigneur notre Dieu, qui avez établi les ordres célestes et les légions des Anges et des Archanges pour le service de votre glorieuse Majesté, faites qu'à notre entrée s'unissent par leur présence, vos saints Anges, pour vous servir avec nous et célébrer votre bonté.

LE DIACRE, *à haute voix.* Bénissez-nous, Seigneur.

LE PRÊTRE, *à haute voix.* Car à vous appartiennent le règne, la puissance et la gloire, dans les siècles des siècles. *Amen.*

Tous deux baisent l'autel.

LE DIACRE, *à haute voix.* Soyons attentifs.

LES CLERCS. Dieu saint, Dieu tout-puissant, Dieu éternel, crucifié pour nous, ayez pitié de nous [1].

Le trisagion se répète trois fois.

[1] Cette formule du trisagion est celle qui est employée pour le dimanche et les jours ordinaires; mais, dans certaines solennités, on remplace les mots *crucifié pour nous*, par d'autres paroles appropriées à la fête du jour. (Voir 1re partie, *Précis de l'histoire de l'Eglise arménienne*, p. 43.)

Pendant que les clercs chantent trois fois de suite le trisagion, l'archidiacre reçoit l'Evangile des mains du prêtre, et, l'élevant au-dessus de sa tête, il entre par la porte du nord dans le sanctuaire, fait le tour de l'autel derrière l'iconostase, et sort par la porte du sud. S'avançant à l'extrémité de l'estrade où s'élève l'autel, il présente l'Evangile à baiser au plus ancien des prêtres qui sont dans le chœur [1]. Puis le diacre rapporte l'Evangile sur l'autel, et le prêtre donne sa bénédiction à celui qui vient de baiser l'Evangile.

Pendant que les clercs chantent le trisagion, le prêtre prie à voix basse :

Dieu saint, qui vous reposez dans les Saints, et dont les Séraphins célèbrent les louanges par le chant du trisagion, à qui les Chérubins rendent gloire, à qui toutes les armées célestes offrent le tribut de l'adoration ; vous qui du néant avez appelé à l'existence toute créature, et fait l'homme à votre image et à votre ressemblance, et l'avez orné de toute votre grâce, en lui enseignant à chercher la sagesse et la prudence ; qui ne l'avez pas abandonné lorsqu'il devint pécheur, mais lui avez imposé une pénitence salutaire ; qui nous avez rendus, nous vos serviteurs vils et sans mérites, dignes de nous présenter en ce moment devant la gloire de votre saint autel, et de vous offrir l'adoration et la

[1] Chez les Grecs, c'est le prêtre officiant qui baise l'Evangile et fait le tour de l'autel avec le diacre.

louange prescrites ; ô Seigneur, acceptez des lèvres de nous, pécheurs, cette bénédiction du trisagion, et conservez-nous par votre bonté ; pardonnez-nous toutes nos fautes volontaires et involontaires ; purifiez notre âme, notre esprit et notre corps ; et accordez-nous de vous servir dans la sainteté tous les jours de notre vie, par l'intercession de la très-sainte Mère de Dieu, et de tous vos saints, qui dès l'éternité vous ont été agréables. (*A haute voix.*) Car vous êtes saint, ô mon Dieu, et à vous appartiennent la gloire, le règne et l'honneur, maintenant et à jamais, dans les siècles des siècles. *Amen.*

LE DIACRE. Prions encore en paix le Seigneur.

LES CLERCS. Seigneur, faites miséricorde.

LE DIACRE. Pour la paix du monde et l'affermissement de la sainte Église, prions le Seigneur.

LES CLERCS. Seigneur, faites miséricorde.

LE DIACRE. Pour tous les évêques, saints et orthodoxes, prions le Seigneur.

LES CLERCS. Seigneur, faites miséricorde.

LE DIACRE. Pour monseigneur le très-saint patriarche N., afin qu'il lui soit accordé longue vie et salut pour son âme, prions le Seigneur.

LES CLERCS. Seigneur, faites miséricorde.

LE DIACRE. Pour notre archevèque *ou* évêque N. (le titulaire du siége auquel appartient l'église dans laquelle la messe est célébrée), prions le Seigneur.

LES CLERCS. Seigneur, faites miséricorde.

Le diacre. Pour les docteurs, les prêtres, archidiacres et diacres et pour tous les serviteurs de l'Église, prions le Seigneur.

Les clercs. Seigneur, faites miséricorde.

[Dans l'empire de Russie.

Le diacre. Pour notre très-pieux, très-puissant, très-auguste monarque Alexandre II Nicolaïevitch, empereur de toutes les Russies, afin qu'il lui soit accordé longue vie, puissance, paix et santé.

Le diacre mentionne nominativement tous les membres de la famille impériale.

Pour toute sa maison et son armée, prions le Seigneur.

Les clercs. Seigneur, faites miséricorde.]

Le diacre. Pour le repos des âmes des trépassés qui se sont endormis en Jésus-Christ, dans la foi véritable et orthodoxe, prions le Seigneur.

Les clercs. Seigneur, faites miséricorde.

Le diacre. Pour l'union de notre véritable et sainte foi, prions le Seigneur.

Les clercs. Seigneur, faites miséricorde.

Le diacre. Recommandons-nous tous, et chacun de nous mutuellement au Seigneur, le Dieu tout-puissant.

Les clercs. Nous nous recommandons à vous, ô Seigneur.

LE DIACRE. Seigneur Dieu, nous nous écrions tous d'une seule voix : Ayez pitié de nous, suivant votre grande miséricorde.

LES CLERCS. Seigneur, faites miséricorde (*trois fois*).

Pendant ces prières, le prêtre, les mains levées, dit à voix basse :

Seigneur, daignez agréer cette fervente prière, que vous adressent vos serviteurs ; ayez pitié de nous, selon votre grande miséricorde. Répandez vos grâces sur nous et sur tout votre peuple, qui est dans l'attente, ô mon Dieu, de votre abondante miséricorde.

A haute voix :

Car vous êtes un Dieu bon et miséricordieux, et à vous appartiennent la gloire, la royauté et l'honneur, maintenant et à jamais, dans les siècles des siècles. Amen.

Les clercs chantent les hymnes propres du jour. Le lecteur lit l'épître [1], après quoi le diacre dit :

Bénissez-nous, Seigneur.

Le prêtre se tourne vers les assistants, les bénit en faisant le signe de la croix, et dit :

Que la paix soit avec vous tous.

[1] Celui qui fait la lecture de l'épître et de l'Evangile

Les clercs. Et avec votre esprit.

Le diacre. Écoutons avec crainte.

L'archidiacre. Le saint Évangile selon saint Matthieu *ou l'un des trois autres évangélistes.*

Les clercs. Gloire à vous, Seigneur, notre Dieu.

Le diacre. Soyons attentifs.

Les clercs. C'est Dieu qui parle.

L'archidiacre lit l'Evangile en se tenant au bord de l'estrade où s'élève l'autel. Pendant ce temps, le prêtre ôte sa couronne. La lecture étant finie, les clercs disent:

Gloire à vous, Seigneur notre Dieu.

Le prêtre remet sa couronne.

L'archidiacre, aussitôt après avoir lu l'Evangile, s'approche de l'autel, à la droite du prêtre, et élevant l'Evangile au-dessus de sa tête, récite le symbole de Nicée :

Nous croyons en un seul Dieu, Père tout-puissant, Créateur du ciel et de la terre, des choses visibles et invisibles ; et en un seul Seigneur, Jésus-Christ, Fils unique de Dieu, né de Dieu le Père, avant tous les siècles ; Dieu de Dieu, lumière de lumière, vrai Dieu de vrai Dieu, engendré, non créé, consubstantiel au Père, par qui ont été faites toutes choses dans le ciel et sur la terre, visibles et

doit être tourné vers les assistants et non vers l'autel, comme chez les Grecs.

invisibles ; lequel, pour nous autres hommes et pour notre salut, étant descendu du ciel, s'est incarné et fait homme, est né de la très-sainte Vierge Marie par l'opération du Saint-Esprit, a pris d'elle corps, âme et esprit, et tout ce qui est dans l'homme, en réalité et non figurativement ; qui a souffert, a été crucifié et enseveli, et est ressuscité le troisième jour ; est monté avec le même corps au ciel, où il est assis à la droite du Père, d'où il viendra avec le même corps, dans la gloire du Père, pour juger les vivants et les morts ; et dont le règne n'aura pas de fin. Nous croyons aussi au Saint-Esprit, incréé, souverainement parfait, qui a parlé dans la loi par les prophètes et dans les Évangiles ; qui est descendu au Jourdain, a annoncé l'Envoyé (le Christ) et a habité dans les saints.

Nous croyons aussi en une seule Église universelle, sainte et apostolique, à un baptême, à la pénitence pour l'expiation et le pardon des péchés, à la résurrection des morts, à l'éternel jugement des âmes et des corps, au royaume des cieux et à la vie éternelle.

Ceux qui disent qu'il y a eu un temps où le Fils n'existait pas, et qu'il y a eu un temps où l'Esprit-Saint n'existait pas, ou bien qu'ils ont été créés de rien ; ou bien que le Fils de Dieu et l'Esprit-Saint sont d'une essence différente ; ou encore qu'ils sont sujets au changement ou à l'altération : ceux-là sont excommuniés par l'Église catholique et apostolique.

Pendant que l'archidiacre récite le symbole de Nicée, un diacre encense l'autel et les clercs. Après que le symbole est fini, l'archidiacre donne l'Evangile à baiser au prêtre et dit :

Bénissez-nous, Seigneur.

Le prêtre ajoute tout haut la profession de foi de saint Grégoire l'Illuminateur :

Oui, nous glorifions celui qui a été avant tous les siècles, en adorant la sainte Trinité et l'unique divinité du Père, du Fils et du Saint-Esprit, maintenant et à jamais, dans les siècles des siècles. *Amen.*

Le diacre. Prions encore en paix le Seigneur.

Les clercs. Seigneur, faites miséricorde.

Le diacre. Prions encore avec foi, et demandons au Seigneur Dieu et notre Rédempteur Jésus-Christ, à cette heure du sacrifice et de la prière, qu'il rende nos vœux acceptables et qu'il écoute la voix de nos supplications ; qu'il accueille les demandes de notre cœur, efface nos péchés et ait pitié de nous ; que nos oraisons et nos prières soient admises toujours devant sa souveraine Majesté, et qu'il nous accorde de nous appliquer, dans l'unanimité de la foi et de la justice, aux bonnes œuvres, afin que le Seigneur tout-puissant répande sur nous les grâces de sa miséricorde, nous sauve, et ait pitié de nous.

Les clercs. Sauvez-nous, Seigneur.

LE DIACRE. Demandons au Seigneur qu'il nous accorde de passer en paix ce temps du saint Sacrifice et ce jour d'aujourd'hui.

LES CLERCS. Accordez-nous cela, Seigneur.

LE DIACRE. Demandons à Dieu l'ange de paix, pour gardien de nos âmes.

LES CLERCS. Accordez-nous cela, Seigneur.

LE DIACRE. Demandons à Dieu le pardon et la rémission de nos péchés.

LES CLERCS. Accordez-nous cela, Seigneur.

LE DIACRE. Demandons à Dieu, pour venir en aide à notre âme, les grandes et puissantes forces de la sainte Croix.

LES CLERCS. Accordez-nous cela, Seigneur.

LE DIACRE. Prions encore pour l'union de notre vraie et sainte foi.

LES CLERCS. Seigneur, faites miséricorde.

LE DIACRE. Recommandons-nous tous et chacun de nous mutuellement au Seigneur Dieu tout-puissant.

LES CLERCS. Nous nous recommandons à vous, Seigneur.

LE DIACRE. Seigneur, nous nous écrions d'une commune voix : Ayez pitié de nous dans votre grande miséricorde.

LES CLERCS. Seigneur Dieu, faites miséricorde. (Trois fois.)

Pendant ces prières; le prêtre dit à voix basse :

Seigneur Jésus-Christ, notre Sauveur, si riche en miséricordes, et si généreux des dons de votre bonté, vous qui de votre propre volonté avez à cette heure même souffert la passion de la croix et la mort pour nos péchés; vous qui avez abondamment départi les dons de votre Esprit-Saint aux bienheureux apôtres; Seigneur, nous vous en supplions, faites-nous participants de vos dons divins, de la rémission des péchés, et de la réception de votre Saint-Esprit.

LE DIACRE. Seigneur, bénissez-nous.

LE PRÊTRE. Afin que nous soyons dignes de vous glorifier en toute action de grâces, avec le Père et le Saint-Esprit, maintenant et à jamais, dans les siècles des siècles. *Amen.*

Se tournant vers les fidèles, le prêtre dit :

Que la paix soit avec vous tous.

LES CLERCS. Et avec votre esprit.

LE DIACRE. Adorons le Seigneur.

LES CLERCS. Nous vous prions, ô Seigneur.

A ces mots, les clercs et les assistants se mettent à genoux.

LE PRÊTRE, *à voix basse.* O Christ, notre Rédempteur, vous qui êtes inaccessible à notre intelligence et au-dessus de toute parole humaine, raffermissez-nous et préservez-nous de tout mal;

placez-nous au rang de vos vrais adorateurs, qui vous rendent hommage en esprit et en vérité. Car à la très-sainte Trinité appartiennent la gloire, la puissance et l'honneur, maintenant et à jamais, dans les siècles des siècles. *Amen.*

A haute voix :

Béni soit Notre-Seigneur Jésus-Christ. *Amen.*

LE DIACRE. Seigneur, bénissez-nous.

LE PRÊTRE. Que le Seigneur Dieu vous bénisse tous.

LES CLERCS. *Amen.*

LE DIACRE. Qu'aucun des catéchumènes et de ceux dont la foi est imparfaite ; qu'aucun des pénitents et des impurs ne s'approche de ce mystère divin.

LES CLERCS. Le corps de Notre-Seigneur, et le sang de notre Rédempteur sont prêts à se montrer à nous. Les Puissances célestes chantent, invisibles, et s'écrient sans interruption : Saint, Saint, Saint est le Seigneur des armées.

Pendant que les clercs chantent cette hymne, le diacre ôte la couronne de la tête du prêtre, et lui retire aussi ses décorations, s'il en a, et même la croix pastorale avec l'image de Notre-Seigneur Jésus-Christ [1]. Le prêtre quitte en même temps ses sandales, et ne conserve aux pieds que ses bas.

[1] C'est l'insigne que reçoivent les prêtres grecs et ar-

Le diacre. Chantez des psaumes au Seigneur, notre Dieu, et des hymnes avec harmonie.

Les clercs chantent le trisagion.

Nous qui représentons d'une manière mystique les Chérubins, et qui chantons l'hymne trois fois sainte à la sainte Trinité, mettons de côté en ce moment toute sollicitude temporelle, afin d'accueillir le Roi du ciel et de la terre, auquel des légions d'Anges font une escorte invisible.

L'archidiacre [1], assisté d'un sous-diacre, encense l'autel et entre dans le sanctuaire où est placée la table de l'offertoire; il encense le calice, rend l'encensoir au sous-diacre, et lui-même baise la table de l'offertoire; il prend le calice qui soutient la patène, sur laquelle est le pain recouvert du voile, l'élève au-dessus de sa tête et se dirige à pas lents par la porte du sud vers l'autel; dans sa marche, il est précédé du sous-diacre, qui encense devant lui.

Pendant qu'on chante le trisagion, et que les saintes offrandes sont apportées, le prêtre dit à voix basse :

Aucun de nous, qui sommes souillés des passions et des désirs charnels, ne peut être digne de

méniens en Russie, pour prix de leur zèle dans leurs fonctions.

[1] L'archidiacre a seul le privilége de lire l'Evangile, et de porter les saintes offrandes de la table de l'offertoire à

s'approcher de votre autel, ou de servir votre glorieuse Majesté; votre service étant quelque chose de grand et de terrible même pour les armées célestes. Néanmoins, vous, ô incompréhensible Verbe du Père, dans votre infinie bonté, vous vous êtes fait homme, et notre souverain pontife. Maître de tous, vous nous avez confié le sacerdoce pour accomplir ce saint ministère et votre immolation non sanglante, parce que vous êtes le Seigneur notre Dieu, qui dominez sur toutes les créatures du ciel et de la terre, qui êtes assis sur les Chérubins comme sur un trône, Seigneur des Séraphins et roi d'Israël; qui seul êtes saint et vous reposez dans les saints. Je vous supplie, vous qui êtes le seul miséricordieux et enclin à exaucer les vœux que l'on vous adresse, tournez, dans votre pitié, un regard sur moi, pauvre pécheur, et votre serviteur indigne, et purifiez mon âme et mon esprit de toute souillure du mal; et, par la vertu de votre Esprit-Saint, rendez-moi digne d'être présent devant ce saint autel, moi qui suis revêtu de la grâce sacerdotale, et de consacrer votre corps immaculé et votre sang précieux. Baissant humblement mon front devant vous, je vous supplie de ne pas détourner de moi votre visage et de ne pas m'exclure du nombre de vos serviteurs; mais de me rendre digne de

l'autel. S'il n'y a pas d'archidiacre, alors c'est le prêtre officiant lui-même qui remplit cette double cérémonie.

vous offrir cette oblation, tout pécheur et indigne serviteur que je suis, puisque vous-même vous êtes offrant et offert, acceptant et donnant, ô Jésus-Christ notre Dieu ; vous à qui nous rendons gloire avec le Père sans commencement et l'Esprit très-saint et bienfaisant, maintenant et à jamais, dans les siècles des siècles. *Amen.*

Après cette prière, le prêtre se place de côté, le visage tourné vers la porte du sud, par où l'on apporte les saintes offrandes ; il reçoit des mains du diacre l'encensoir avec lequel il encense l'autel et les saintes offrandes qui sont entre les mains de l'archidiacre. Puis il prend le calice recouvert du grand voile, avance vers l'extrémité de l'estrade où s'élève l'autel, et bénit les assistants avec le calice, qu'il replace ensuite sur l'autel. Après quoi, on lui présente à laver ses mains, et il dit à voix basse le psaume XXV : Je laverai mes mains avec sainteté, etc., etc.» (Voir p. 114.) Les clercs et les fidèles, qui étaient à genoux, se relèvent.

Le diacre. Avec foi et sainteté, prosternons-nous pour prier, devant le saint autel de Dieu, pénétrés d'une crainte profonde, avec une conscience pure et sans scandale, sans hypocrisie et sans astuce, sans fourberie et sans duplicité, avec un esprit non chancelant ni douteux dans la foi ; mais avec une âme pleine de droiture, un esprit sincère, un cœur soumis, et une foi parfaite. Remplis de charité, comblés surabondamment de toutes les bonnes œuvres, persistons dans la prière devant ce saint autel de Dieu, et nous trouverons grâce au jour de la manifestation et à la seconde apparition de Notre-Seigneur Jésus-Christ; qu'il nous sauve et nous fasse miséricorde.

LES CLERCS. Seigneur, sauvez-nous et faites miséricorde.

Le prêtre, élevant ses bras vers le ciel, dit à voix basse l'oraison de saint Athanase, patriarche d'Alexandrie.

Seigneur, Dieu des armées et créateur de tout ce qui existe, qui avez tiré toutes choses du néant, et leur avez donné l'être; qui, honorant la nature terrestre, l'avez élevée dans votre bonté jusqu'au ministère de ce redoutable et ineffable Sacrement; vous, Seigneur, à qui nous offrons ce Sacrifice, recevez de nous ces précieux dons et faites qu'ils deviennent le mystère du corps et du sang de votre Fils unique; accordez-nous que ce pain et ce calice deviennent pour nous la guérison et la rémission de nos péchés.

LE DIACRE. Seigneur, bénissez-nous.

Le prêtre finit sa prière à haute voix :

Par la grâce et la bonté de notre Seigneur et Rédempteur Jésus-Christ, à qui appartiennent, ainsi qu'au Père et au Saint-Esprit, la gloire, la puissance et l'honneur, maintenant et à jamais, dans les siècles des siècles. *Amen.*

Se tournant vers les fidèles, il dit :

Que la paix soit avec vous tous.

LES CLERCS. Et avec votre esprit. *Amen.*

LE DIACRE. Adorons Dieu.

LES CLERCS. En votre présence, ô Seigneur.

LE DIACRE. Donnez-vous les uns les autres le saint baiser de paix, et que ceux qui ne peuvent participer à ces divins mystères sortent et aillent prier dehors.

Le prêtre baise l'autel et se range un peu de côté ; le diacre baise l'autel et la main du prêtre ; il descend du côté des clercs, encense le plus ancien des prêtres assistants, lui baise la main et dit : « Jésus-Christ est avec nous. » Un des prêtres se tourne vers les fidèles et s'adressant à l'un d'entre eux, lui donne la bénédiction : « Jésus-Christ est apparu parmi nous, » et ce mot solennel est répété par tous les fidèles, qui se saluent réciproquement, comme gage de paix.

Pendant ce temps, les clercs chantent :

Le Christ se manifestera parmi nous ; l'Être par essence, Dieu, élèvera ici son trône. La voix annonciatrice de la paix a retenti ; la sainte salutation a été publiée, l'Eglise est devenue un seul corps, et notre baiser le gage de cette union ; l'inimitié a été éloignée, et la charité a pénétré partout. Maintenant ouvrez vos lèvres, ô ministres du Seigneur, bénissez tous, d'un concert unanime, la Divinité consubstantielle, indivisible, pour qui les Séraphins chantent le trisagion.

LE DIACRE. Tenons-nous respectueusement et

avec crainte, soyons attentifs pour offrir la sainte oblation.

LES CLERCS. A vous, ô Seigneur.

LE DIACRE. Le Christ, l'agneau immaculé de Dieu, s'offre comme victime.

LES CLERCS. La miséricorde, la paix et le sacrifice de bénédictions.

LE DIACRE. Seigneur, bénissez-nous.

Le prêtre, se tournant vers les assistants, les bénit en faisant le signe de la croix, et dit :

Que la grâce, l'amour, et la puissance sanctifiante du Père, du Fils et du Saint-Esprit soient avec vous tous.

LES CLERCS. Et avec votre esprit.

LE DIACRE. Gardez les portes, les portes! avec le plus de vigilance et de circonspection possible; élevez en haut votre esprit dans la crainte de Dieu.

LES CLERCS. Nous le tenons élevé vers vous, ô Dieu tout-puissant.

LE DIACRE. Rendez grâces au Seigneur de tout votre cœur.

LES CLERCS. Il est digne et juste de l'adorer.

LE PRÊTRE, *à voix basse*. Il est vraiment juste et raisonnable de vous adorer toujours et avec une ardeur incessante, de vous glorifier, ô Père tout-puissant, qui, par l'œuvre de votre Verbe inscrutable et créateur avec vous, avez détruit l'obstacle que faisait peser sur nous la malédiction. Le Verbe, ayant de son peuple formé l'Eglise, s'est approprié ceux qui croient en vous; et, par la nature humaine qu'il a prise dans le sein de la sainte Vierge, s'est plu à habiter parmi nous; daignant accomplir une œuvre toute nouvelle, il a fait de la terre le ciel. Ainsi celui en présence duquel n'osaient se tenir les légions qui veillent sans cesse (les anges), atterrées par la splendeur fulgurante et inaccessible de sa divinité, celui-là, ayant daigné se faire homme pour notre salut, nous a fait la grâce de nous unir avec les habitants du ciel en un même chœur spirituel.

A haute voix:

Les Séraphins et les Chérubins, d'un concert unanime, chantent à haute voix l'hymne sacrée, et redisent sans cesse : Saint, Saint, Saint est le Seigneur, le Dieu des armées.

LES CLERCS. Saint, Saint, Saint est le Seigneur, le Dieu des armées. Votre gloire remplit le ciel et la terre; Hosanna au plus haut des cieux! Béni soit celui qui vient au nom du Seigneur; Hosanna au plus haut des cieux!

Le prêtre, à voix basse, et en élevant ses bras vers le ciel, dit:

Saint, Saint, Saint vous êtes véritablement, et plénitude de sainteté. Y a-t-il quelqu'un qui puisse jamais donner l'idée par la parole des profusions répandues sur nous du sein de votre infinie bonté, vous qui, dès le premier âge, étendant votre providence sur l'homme pécheur, l'avez secouru en diverses manières, et par les prophéties, et par la sanction de la loi, et par le sacerdoce, et par l'oblation des génisses, comme figure d'un autre sacrifice? Au terme des jours fixés, voulant effacer la condamnation que nos dettes avaient attirée sur nous, vous nous avez donné votre Fils unique, dette et débiteur, immolé et consacré, agneau et pain céleste, souverain pontife et victime; car il est le distributeur, et c'est lui qui est distribué parmi nous sans cesse et sans jamais être épuisé. S'étant fait homme en vérité et non en apparence, et par une union sans confusion s'étant incarné dans le sein de la Mère de Dieu et toujours vierge Marie, il a cheminé en voyageur à travers toutes les passions de la vie humaine, pur de péché; et il s'est dirigé spontanément vers la croix, salut du monde et notre rédemption.

Le prêtre baise l'autel, soulève le voile qui recouvre le calice, prend de dessus la patène le pain entre les mains, et continue ainsi :

Il prit le pain entre ses mains saintes, divines, immaculées et vénérables, et lorsqu'il eut rendu grâces, et l'eut béni, sanctifié et rompu, il le donna à ses saints disciples et apôtres, en disant :

En prononçant ces paroles, le prêtre bénit le pain et

trace avec le doigt quatre parts sur l'hostie, puis il ajoute à haute voix :

Prenez et mangez, CECI EST MON CORPS, qui est rompu pour vous et pour tous, pour la rémission des péchés.

LES CLERCS. *Amen.*

LE DIACRE. Seigneur, bénissez-nous.

Le prêtre continue à voix basse :

Pareillement, il prit le calice qu'il bénit, et le présenta à ses fidèles et saints disciples qui étaient réunis avec lui, en disant :

Tout haut :

Buvez-en tous, CECI EST MON SANG, LE SANG DE LA NOUVELLE ALLIANCE, qui est versé pour vous et pour tous, pour la rémission des péchés.

LES CLERCS. *Amen.*

LES CLERCS. Père céleste, qui avez livré votre Fils en holocauste pour nous, en le chargeant du poids de nos dettes, par l'effusion de son sang nous implorons votre miséricorde en faveur de votre troupeau.

Le prêtre finit cette prière à voix basse.

Votre Fils unique, notre Sauveur, nous prescrivit de faire ceci en mémoire de lui, et, descendu dans le tombeau avec un corps de même substance que le nôtre, il renversa la puissance de l'enfer et vous manifesta à nous, comme l'unique et vrai Dieu, le Dieu des vivants et des morts.

Le prêtre, prenant dans ses mains les saintes offrandes, dit à voix basse :

C'est pourquoi en commémoration de ce commandement salutaire, de sa passion, de son crucifiement, de son ensevelissement pendant trois jours, de sa résurrection, de son ascension, par laquelle il monta au ciel pour s'asseoir à votre droite, ô Père ; de son second et glorieux avénement, célébrant ce divin mystère de son corps et de son sang, nous vous confessons et nous vous bénissons.

LE DIACRE. Seigneur, bénissez-nous.

Le prêtre, posant le calice sur l'autel, ajoute à haute voix :

Nous vous offrons ces dons qui sont les vôtres, en toutes choses et pour tout.

LES CLERCS. Vous êtes béni en tout, ô Seigneur ; nous vous bénissons, nous vous rendons grâces, nous vous louons, et nous vous adressons nos supplications à vous, notre Seigneur Dieu.

Pendant que les clercs chantent, le prêtre, élevant les mains vers le ciel, dit à voix basse :

Il est juste, Seigneur Dieu, de vous louer, de vous remercier toujours ; car vous n'avez pas dédaigné notre indignité, et vous nous avez admis au ministère de ce saint et ineffable Sacrement, non pour aucun mérite à nous appartenant, dont nous sommes et nous nous reconnaissons, hélas! exempts et privés, mais confiants uniquement dans votre miséricorde sans bornes, nous osons nous acquitter du ministère du corps et du sang de votre Fils unique, notre Seigneur et Rédempteur Jésus-Christ, à qui appartiennent la gloire, la puissance et l'honneur, maintenant et à jamais dans les siècles des siècles. *Amen.*

Le diacre. Bénissez-nous, Seigneur.

Le prêtre. Que la paix soit avec vous tous.

Les clercs. Et avec votre esprit.

Le diacre. Prosternons-nous devant Dieu.

Les clercs. Devant vous, Seigneur. Fils de Dieu, qui, vous étant offert au Père en sacrifice pour opérer notre réconciliation, êtes distribué parmi nous comme le vrai pain de vie; nous vous prions, par l'effusion de votre sang divin, d'avoir pitié du troupeau racheté par vous.

Le prêtre, inclinant la tête, dit :

Nous vous adorons, nous vous supplions et vous prions, ô Dieu clément, de faire descendre votre Esprit-Saint sur nous et sur ces dons que nous vous offrons.

Le prêtre, s'inclinant, bénit le pain, et dit à voix basse :

Par l'œuvre duquel vous ferez du pain consacré le corps véritable de notre Seigneur et Sauveur Jésus-Christ (3 fois).

Le diacre, *à voix basse. Amen* (3 fois). Bénissez-nous, Seigneur.

Le prêtre bénit le vin, et dit à voix basse :

Par l'œuvre duquel vous ferez du calice consacré le sang véritable de notre Seigneur et Sauveur Jésus-Christ (3 fois).

Le diacre, *à voix basse. Amen* (3 fois). Seigneur, bénissez-nous.

Le prêtre, bénissant les deux saintes espèces, dit à voix basse :

Par l'œuvre duquel vous ferez du pain et du vin consacrés le corps et le sang véritable de notre Seigneur et Sauveur Jésus-Christ, en vertu de la transsubstantiation accomplie par votre Saint-Esprit.

Le diacre. *Amen* (3 fois).

A partir d'à présent, le prêtre, en priant, ne lève plus ses bras vers le ciel.

Le diacre, *tout haut*. Bénissez-nous, Seigneur.

Le prêtre. Afin que ces saints mystères deviennent pour nous, qui ici communions, l'expiation et la rémission de nos péchés, et ne tournent pas à notre condamnation.

Les clercs. O Saint-Esprit, descendu du ciel, et opérant par nos mains le mystère de celui qui est glorifié avec vous, nous vous prions, par l'effusion de son sang, de donner la paix aux âmes de nos trépassés.

Le prêtre, pendant ce temps, prie à voix basse.

Par lui, accordez la charité, la stabilité et la paix, dans tout l'univers, à votre sainte Église, à tous les évêques orthodoxes, aux prêtres, aux diacres, aux rois de ce monde, aux princes, aux peuples, aux voyageurs, aux navigateurs, aux prisonniers, à ceux qui sont exposés aux périls ou qui succombent sous la fatigue, et à tous ceux qui sont en guerre avec les barbares.

Par ce sacrifice, accordez aussi une bonne température à l'air, la fertilité aux campagnes, et à tous les malades une prompte guérison.

Par ce même sacrifice, donnez le repos à ceux qui se sont déjà endormis dans la paix du Seigneur, évêques, prêtres, diacres, et tout le clergé de votre sainte Église, ainsi qu'à tous les laïques, hommes et femmes, qui ont quitté cette vie dans la foi.

Le diacre. Bénissez-nous, Seigneur.

Le prêtre, *haut.* Daignez aussi nous visiter, Dieu de bonté, nous vous en supplions.

LES CLERCS. Souvenez-vous, Seigneur, et faites miséricorde.

LE PRÊTRE. Nous vous prions de faire mémoire, dans ce saint Sacrifice, de la Mère de Dieu, la sainte Vierge Marie, de saint Jean-Baptiste, de saint Etienne, protomartyr, et de tous les Saints.

LES CLERCS. Souvenez-vous, Seigneur, et faites miséricorde.

LE DIACRE. Nous vous prions de faire mémoire dans ce saint Sacrifice des apôtres et prophètes, des saints pères, des martyrs, de tous les saints patriarches, des évêques apostoliques, des prêtres et diacres orthodoxes et de tous les Saints.

LES CLERCS. Souvenez-vous, Seigneur, et faites miséricorde.

LE DIACRE. Adorons la résurrection bénie et digne de louanges, glorieuse, admirable et divine, de Notre-Seigneur Jésus-Christ [1].

LES CLERCS. Gloire à ta résurrection, ô Seigneur.

LE DIACRE. Nous vous prions de faire mémoire dans ce saint Sacrifice de ceux qui nous ont annoncé les premiers la parole de l'Évangile, les premiers pontifes nos illuminateurs, les saints apôtres

[1] Ce n'est que les dimanches qu'on fait cette prière commémorative de la résurrection de Notre-Seigneur Jésus-Christ; les autres jours, le diacre dit : « Que la mémoire de tel saint (dont c'est la fête) soit glorifiée dans « cette liturgie, prions le Seigneur. » Les clercs répondent : « Souvenez-vous, Seigneur, et ayez pitié de nous. »

Thaddée et Barthélemy, de notre illuminateur Grégoire, des saints Aristacès, Verthanès, Houssig, Grigoris, Nersès, Sahag (Isaac), Daniel et Khat, Mesrob, du docteur Grégoire de Nareg et de saint Nersès Glaïetsi, Jean Orodnetsi, Grégoire et Moïse Dathevaist, ainsi que des saints Grégoire et Nersès et de leurs disciples, et de tous les pères et prélats de l'Arménie.

LES CLERCS. Souvenez-vous, Seigneur, et faites miséricorde.

LE DIACRE. Nous vous prions de faire mémoire de nos pères les anachorètes, des saints moines inspirés de Dieu, Paul, Antoine, Paul, Macaire, Onuphre, Marc abbé, Sérapion, Nil, Arsène, Évagre, Barsouma, des martyrs qui eurent pour chefs Jean, Siméon[1], Osgui[2], et Soukias[3]; ainsi que de

[1] Jean et Siméon étaient deux solitaires qui, avec leurs disciples, habitaient une petite colline appelée Dchoréhankisd (Halte des mulets), et auprès desquels se rendit saint Grégoire l'Illuminateur. On peut voir la tradition relative à ce lieu, dans la *Vie des saints*, par le R. P. Jean-Baptiste Aucher, t. III, p. 359.

[2] *Osgui*, traduction arménienne du mot grec χρύσος, *or*, est le nom d'un officier du palais impérial à Rome, qui, avec quatre de ses compagnons, se rendit en Arménie. Convertis au christianisme par saint Thaddéee, ils furent immolés par les ordres d'Ardavazt et de ses frères, fils d'Ardaschès, roi d'Arménie. *Vie des saints*, t. II, p. 121 et 127.

[3] Soukias et ses compagnons étaient des princes ou des chefs considérables du pays des Alains. Etant venus en

tous les saints pères et de leurs disciples dans le monde entier.

LES CLERCS. Seigneur Dieu, souvenez-vous et faites miséricorde.

LE DIACRE. Nous vous prions encore de faire mémoire des rois Abgare, Constantin, Tiridate, Théodose, et de tous les saints et fidèles monarques, princes pieux et orthodoxes.

LES CLERCS. Seigneur Dieu, souvenez-vous et faites miséricorde.

LE DIACRE. Nous vous prions de faire mémoire dans ce saint Sacrifice de tous les fidèles, en général, hommes et femmes, vieillards et enfants, et de ceux de tout âge, qui se sont endormis saintement en Jésus-Christ dans la foi.

LES CLERCS. Souvenez-vous, Seigneur, et faites miséricorde.

Pendant ces commémorations, le prêtre dit à voix basse :

Souvenez-vous, Seigneur, et ayez pitié de votre sainte Église, catholique et apostolique, que vous avez rachetée par le sang sacré de votre Fils unique, et que vous avez délivrée par sa sainte Croix ;

Arménie, auprès de Sathinig, fille du roi des Alains, mariée à Ardaschès, ils y connurent saint Osgui et se firent ses disciples. Ils versèrent leur sang pour la foi de Jésus-Christ, le roi des Alains ayant envoyé son général, appelé Parlaha, pour se saisir d'eux et les faire mourir. *Ibid.*, t. II, p. 90 et 112.

bénissez-la et donnez-lui une paix inaltérable. Souvenez-vous, Seigneur, de tous les évêques orthodoxes qui, suivant la véritable doctrine, nous distribuent la parole de vérité.

Le prêtre. Seigneur, bénissez-nous.

[Dans l'empire de Russie.

Le prêtre, *à haute voix.* Avant tout et en particulier nous vous prions, Seigneur Dieu, de vous souvenir de notre très-pieux, très-puissant, très-auguste monarque, l'empereur Alexandre II Nicolaïevitch et de toute la famille impériale, *chaque membre nominativement*, de toute sa maison et de son armée chrétienne ; qu'il leur soit accordé santé, salut, et une paix inaltérable dans une longue vie.

Les clercs. *Amen.*]

Le prêtre *continue.* Nous vous prions encore, Seigneur, pour le très-vénérable patriarche de la nation arménienne, le saint catholicos N. ; conservez-le pour votre sainte Eglise, à laquelle il dispense fidèlement la parole de vérité.

Les clercs. *Amen.*

Le prêtre *continue.* Nous vous prions encore, Seigneur, pour notre archevêque l'éminentissime N. (avec le nom de son siége) ; conservez-le de longues années, lui qui nous distribue fidèlement la parole de vérité.

Les clercs. *Amen.*

Le diacre. Nous vous offrons, Seigneur Dieu,

nos actions de grâces et nos adorations pour le Sacrifice saint non sanglant offert sur cet autel; qu'il soit pour nous la sanctification de notre vie, et que nous en recevions l'amour, la constance, et une paix inaltérable en faveur du monde entier, de la sainte Église, de tous les évêques et archevêques orthodoxes, du très-vénérable patriarche de la nation arménienne, le saint catholicos N., de notre archevêque l'éminentissime N. (avec le nom du siége), ainsi que du prêtre qui célèbre aujourd'hui vos saints mystères.

[Dans l'empire de Russie:

Accordez la force et la victoire à notre très-pieux, très-puissant et très-auguste monarque Alexandre II Nicolaïevitch, empereur de toutes les Russies et à toute la famille impériale, *chaque membre nominativement*, à toute sa maison, ses chefs militaires et à son armée chrétienne.]

Nous vous supplions et nous vous prions pour le repos de l'âme des fondateurs de cette Église, et pour ceux dont les corps reposent ici ou en tout autre lieu. Nous vous demandons la délivrance de nos frères captifs, le bonheur de tout le peuple ici présent, et le repos pour tous ceux qui dans la foi et la sainteté ont terminé leur carrière mortelle en Jésus-Christ. — Veuillez faire mémoire dans ce saint Sacrifice de tous ceux que nous venons de mentionner.

Les clercs. En tout et de tous.

Pendant ces commémorations, faites par le diacre, le prêtre dit à voix basse :

Souvenez-vous, Seigneur, et faites miséricorde ; bénissez votre peuple ici assemblé, ceux qui vous présentent et ceux qui ont fourni les offrandes pour la célébration de ce saint Sacrifice, et soyez-leur propice en tout ce qui peut leur être utile et nécessaire.

Souvenez-vous, Seigneur, et faites miséricorde ; bénissez les hommes pieux, ceux qui dispensent leurs dons à notre sainte Eglise, et ceux qui ont des entrailles compatissantes pour les pauvres ; et rendez-leur, dans la mesure de votre libéralité spontanée, une récompense centuple dans le siècle présent et dans la vie à venir.

Souvenez-vous, Seigneur, et faites miséricorde ; soyez propice aux âmes des défunts ; donnez-leur le repos et la lumière, et placez-les avec vos Saints dans le royaume des cieux, en les rendant dignes de votre miséricorde.

Souvenez-vous encore, Seigneur, de l'âme de vos serviteurs N. N.

Ici le prêtre nomme les défunts dont c'est l'anniversaire, ayant été averti d'avance par leurs parents.

Souvenez-vous aussi, Seigneur, de tous ceux qui,

vivants ou morts, se sont recommandés à nos prières ; dirigez leurs désirs et les nôtres vers la fin la plus droite et la plus profitable, en les comblant tous des biens d'une félicité impérissable. Purifiez nos pensées, et faites de nous des temples dignes de recueillir le corps et le sang de votre Fils unique, notre Seigneur et Rédempteur Jésus-Christ, à qui, comme à vous, Père tout-puissant, et à l'Esprit de vie et de sainteté notre libérateur, appartiennent la gloire, la puissance et l'honneur maintenant et à jamais, dans les siècles des siècles. Amen.

LE DIACRE. Bénissez-nous, Seigneur.

LE PRÊTRE, *bénissant le peuple*. Que la grâce de notre Seigneur et Sauveur Jésus-Christ soit avec vous tous.

LES CLERCS. Et avec votre esprit.

LE DIACRE. Prions encore en paix le Seigneur.

LES CLERCS. Seigneur, faites miséricorde.

LE DIACRE, *ayant fait la commémoration de tous les Saints, dit* : Prions encore en paix le Seigneur.

LES CLERCS. Seigneur, faites miséricorde.

LE DIACRE. Prions le Seigneur pour ceux qui offrent en ce moment le saint et divin Sacrifice sur cet autel.

LES CLERCS. Seigneur, faites miséricorde.

LE DIACRE. Prions le Seigneur, notre Dieu, lui qui a daigné recevoir ces dons dans sa sainte, céleste et immatérielle demeure, afin qu'il répande sur nous, en retour, sa grâce divine et l'effusion de son Esprit-Saint.

LES CLERCS. Seigneur, faites miséricorde.

LE DIACRE. Protégez-nous et conservez-nous, Seigneur ; faites-nous miséricorde par votre grâce.

LES CLERCS. Seigneur, sauvez-nous, et faites miséricorde.

LE DIACRE. Ayant fait mémoire de la très-sainte Mère de Dieu, toujours vierge, Marie, et de tous les Saints, prions le Seigneur.

LES CLERCS. Seigneur, faites miséricorde.

LE DIACRE. Prions tous ensemble pour l'unité de notre véritable et sainte foi.

LES CLERCS. Seigneur, faites miséricorde.

LE DIACRE. Recommandons-nous tous et chacun de nous mutuellement au Seigneur Dieu tout-puissant.

LES CLERCS. Nous nous recommandons à vous, ô Seigneur.

LE DIACRE. Mon Dieu, ayez pitié de nous, selon votre grande miséricorde, et écrions-nous tous d'une seule voix :

LES CLERCS. Seigneur, faites miséricorde. (3 fois.)

Pendant ce temps, le prêtre prie à voix basse :

Dieu de vérité et Père de miséricorde, nous vous remercions pour la faveur que vous nous avez faite d'honorer notre race coupable en l'élevant au-dessus des bienheureux patriarches. Par eux vous avez été appelé Dieu, mais par nous, vous vous plaisez à être affectueusement nommé Père. Maintenant nous vous prions, ô Seigneur, de faire chaque jour resplendir de plus en plus, au milieu de votre sainte Eglise, ce nom nouveau et si honorable pour nous.

LE DIACRE. Bénissez-nous, ô Seigneur.

LE PRÊTRE, *à haute voix*. Et permettez-nous d'ouvrir la bouche d'un ton filial, en vous invoquant comme notre Père céleste, de chanter et de dire :

LES CLERCS. Notre Père qui êtes aux cieux, que votre nom soit sanctifié, que votre règne arrive, que votre volonté soit faite sur la terre comme au ciel. Donnez-nous aujourd'hui notre pain quotidien, et pardonnez-nous nos offenses comme nous pardonnons à ceux qui nous ont offensés, et ne nous induisez point dans la tentation, mais délivrez-nous du mal.

Pendant que les clercs chantent l'Oraison dominicale, et que le diacre encense, du haut de l'estrade où s'élève l'autel, les clercs et les assistants, le prêtre dit à voix basse :

Seigneur des Seigneurs, Dieu des dieux, Roi éternel et créateur de tous les êtres, Père de notre Seigneur Jésus-Christ, ne nous induisez pas dans la tentation, mais délivrez-nous du mal et sauvez-nous des embûches du démon.

LE DIACRE. Bénissez-nous, Seigneur.

Le prêtre, *à haute voix.* Car à vous appartiennent la royauté, la puissance et la gloire, dans les siècles des siècles. *Amen.*

Se tournant vers le peuple, il dit :

Que la paix soit avec vous tous.

Les clercs. Et avec votre esprit.

Le diacre. Inclinez vos têtes devant le Seigneur.

Les clercs. En votre présence, ô Seigneur.

Les clercs, ainsi que le peuple, s'agenouillent, et le prêtre s'étant incliné, dit à voix basse :

Esprit-Saint, source de vie, effusion de miséricorde, ayez pitié de tout ce peuple ici présent, prosterné devant votre Divinité, conservez-le dans l'innocence ; imprimez dans l'âme de chacun d'eux cette humilité qu'il montre extérieurement, pendant qu'il demande à recevoir la sainte communion comme gage de son salut à venir.

Le diacre. Bénissez-nous, Seigneur.

Le prêtre, *à haute voix.* Par Jésus-Christ Notre-Seigneur, auquel, ainsi qu'au Saint-Esprit et au Père tout-puissant, appartiennent la gloire, la puissance et l'honneur, maintenant et à jamais, dans les siècles des siècles. *Amen.*

Le diacre. Soyons attentifs.

Le prêtre, *élevant la sainte Hostie.* Aux Saints, les choses saintes !

Les clercs. Un seul Saint, un seul Seigneur

Jésus-Christ dans la gloire de Dieu le Père. *Amen.*

LE DIACRE. Bénissez-nous, Seigneur.

LE PRÊTRE. Béni soit le Père saint, vrai Dieu.

LES CLERCS. *Amen.*

LE DIACRE. Bénissez-nous, Seigneur.

LE PRÊTRE. Béni soit le Fils saint, vrai Dieu.

LES CLERCS. *Amen.*

LE DIACRE. Bénissez-nous, Seigneur.

LE PRÊTRE. Béni soit l'Esprit-Saint, vrai Dieu.

LES CLERCS. *Amen.*

LE DIACRE. Bénissez-nous, Seigneur.

LE PRÊTRE. Bénédiction et gloire au Père, au Fils et au Saint-Esprit, maintenant et à jamais, dans les siècles des siècles. *Amen.*

LES CLERCS. *Amen.*

Les clercs continuent :

Le Père est saint, le Fils est saint, l'Esprit est saint. Bénédiction au Père, au Fils et au Saint-Esprit, maintenant et à jamais dans les siècles des siècles. *Amen.*

Pendant que les clercs chantent, le prêtre dit à voix basse :

Seigneur Jésus-Christ, notre Dieu, du haut de votre sainte demeure et du trône de gloire où vous régnez, jetez un regard sur nous ; venez nous sanctifier, vous qui êtes assis avec votre Père au plus haut des cieux, et qui, en même temps, êtes présent ici avec nous invisiblement; par votre toute-puissance, rendez-nous dignes, nous et tout votre peuple, de participer à la communion de votre corps immaculé et de votre sang précieux.

Ayant fini cette prière, le prêtre baise l'autel et le calice, et, ôtant le voile du calice, il trempe le corps de Jésus-Christ dans le sang sacré, et continue à voix basse :

Seigneur notre Dieu, qui avez bien voulu nous appeler *chrétiens*, du nom de votre Fils unique; vous qui nous avez donné le baptême spirituel pour la rémission des péchés, et qui avez daigné nous admettre à la communion du corps immaculé et du sang précieux de votre Fils unique ; nous vous prions aujourd'hui, Souverain céleste, de ne pas nous juger indignes de recevoir ces saints mystères pour la rémission de nos péchés, et de vous glorifier, avec reconnaissance, vous, votre Fils et votre Esprit-Saint, maintenant et à jamais, dans les siècles des siècles. *Amen.*

Le prêtre, prenant le calice dans ses mains, se tourne vers les assistants, et dit à haute voix :

Communions au saint, très-saint corps et au sang précieux de notre Seigneur Dieu et Sauveur Jésus-Christ, qui est descendu des cieux et se livre à nous. Ceci est la vie, l'espérance, la résurrection, l'expiation et la rémission des péchés.

Chantez des louanges au Seigneur notre Dieu ;

entonnez des psaumes au Roi des cieux, qui est assis sur le char des Chérubins.

Le prêtre s'en revient à l'autel ; on tire le rideau pendant que le diacre dit à haute voix :

Chantez les louanges du Seigneur notre Dieu ; entonnez en chœur des hymnes sacrées, car à lui il appartient d'être glorifié par des psaumes, des bénédictions et des cantiques spirituels.

Ministres des autels, chantez des psaumes, et louez le Seigneur qui est dans les cieux.

Les clercs et les assistants, qui étaient agenouillés, se relèvent.

LES CLERCS. Le Christ, offert en sacrifice, est distribué parmi nous. Alleluia.

Il nous donne son corps en nourriture et nous désaltère de son sang précieux. Alleluia.

Approchez-vous du Seigneur et recevez sa lumière. Alleluia.

Mangez et voyez combien le Seigneur est bon. Alleluia.

Bénissez le Seigneur dans les cieux. Alleluia.

Bénissez-le dans le haut des cieux. Alleluia.

Bénissez-le, ô vous, ses Anges. Alleluia.

Bénissez-le, ô vous, ses Dominations. Alleluia.

Pendant que les clercs chantent, le prêtre prend la sainte hostie dans ses mains, la baise et dit à voix basse :

Quelles bénédictions et quels remercîments vous

adresserai-je pour ce corps et pour cette coupe?

O Jésus, c'est vous seul que nous bénirons avec le Père et le Saint-Esprit, maintenant et à jamais, dans les siècles des siècles. *Amen.*

Je crois et je confesse, Seigneur, que vous êtes le Christ, Fils de Dieu, et que vous avez racheté nos péchés.

Le prêtre, rompant la sainte hostie en quatre parcelles, les met dans le calice, et dit à voix basse :

La plénitude du Saint-Esprit.

Prenant une parcelle de l'hostie dans ses mains, il prie à voix basse :

O Père saint, qui nous avez appelés du même nom que votre Fils unique, et nous avez éclairés par le baptême régénérateur ; rendez-nous dignes de recevoir ce saint Sacrement de l'autel en rémission de nos péchés. Imprimez en nous la grâce de votre Esprit-Saint, comme en vos saints apôtres, qui, en s'en nourrissant, sont devenus les purificateurs de tout l'univers. Maintenant, ô Père bienfaisant, faites que cette communion ait pour moi l'effet de la cène des disciples, et qu'elle dissipe les ténèbres de mes péchés. Ne regardez point mon indignité, et n'arrêtez pas la grâce de votre Esprit-Saint ; mais, selon votre amour infini, accordez-nous que ce sacrement soit pour l'expiation de nos péchés et l'absolution de nos fautes, comme l'a dit et promis Notre-Seigneur Jésus-Christ : « Celui qui « mangera de mon corps et boira de mon sang vivra « éternellement. » Faites donc que ceci devienne pour nous la purification de toute souillure, afin que ceux qui en mangeront et en boiront rendent bénédiction et gloire à vous, ô Père, ainsi qu'au Fils, et à votre Esprit-Saint, maintenant et à jamais, dans les siècles des siècles. *Amen.*

Toujours à voix basse :

Que la paix soit avec vous tous.

Je vous remercie, Christ roi, de ce que, tout privé de mérite que je suis, vous m'avez rendu digne de participer à votre corps et à votre sang sacrés. Je vous supplie maintenant, ô Seigneur, de faire que ces dons ne soient pas ma condamnation, mais servent d'expiation et de pardon à mes péchés, de salut à mon âme et à mon corps, et d'accomplissement de toute œuvre de vertu. Que ce divin mystère sanctifie mon âme, mon esprit et mon corps, afin que je puisse devenir le temple et la demeure de la très-sainte Trinité, et me trouver digne, en union avec vos Saints, de vous glorifier, ainsi que le Père et l'Esprit-Saint, maintenant et à jamais, dans les siècles des siècles. *Amen.*

Oraison de saint Jean Chrysostome.

Je vous rends grâce, je vous exalte, je vous glorifie, ô Seigneur mon Dieu, parce que, de très-indigne que j'étais, vous m'avez rendu digne en ce jour de participer à vos divins et redoutables mystères, à votre corps immaculé et à votre précieux sang. Maintenant, prenant pour intercesseurs ces saints et sacrés mystères, je vous supplie de me conserver tout ce jour et à toute heure de ma vie dans votre sainteté; afin qu'ayant toujours souvenir de votre bonté, je vive avec vous, qui, pour l'amour de nous, avez souffert, êtes mort et êtes ressuscité. Ne laissez point approcher de moi, ô Seigneur Dieu, l'exterminateur infernal, vous qui avez déjà imprimé en mon âme le signe de votre précieux sang. Vous qui êtes tout-puissant, purifiez-moi par la vertu de ce divin mystère de toute œuvre de mort, vous qui seul êtes sans péché. Fortifiez ma vie contre toute tentation, afin que l'ennemi se retire plein de honte et de confusion toutes les fois qu'il voudra s'élever contre moi. Guidez les mouvements de ma pensée et de ma langue, et chacun des pas de mon corps. Séjournez toujours en moi, selon votre infaillible promesse : « Celui « qui mange mon corps et qui boit mon sang de- « meure en moi, et moi en lui. » Vous l'avez dit, ô très-clément, oh ! faites que l'effet réponde à ces divines et irrévocables paroles ; parce que vous êtes un Dieu de miséricorde, de clémence et d'amour, le dispensateur de tout bien, et qu'à vous appartient la gloire, ainsi qu'au Père, et à votre Esprit-Saint, maintenant et à jamais, dans les siècles des siècles. *Amen.*

Le prêtre, faisant le signe de la croix, communie de la première parcelle du saint corps, ainsi que du sang sacré, et dit :

Que votre corps incorruptible soit pour moi la source de vie, et votre sang sacré la propitiation et la rémission de mes péchés.

Aussitôt que le prêtre a communié, le rideau s'ouvre et le diacre dit à haute voix :

Approchez avec crainte et avec foi, et communiez avec sainteté.

Les clercs. Notre Dieu et notre Seigneur nous est apparu. Béni soit celui qui vient au nom du Seigneur.

Le prêtre, prenant des deux mains [1] le calice, se tourne vers les assistants, et, les bénissant, dit à haute voix :

Sauvez, mon Dieu, votre peuple, et bénissez votre

[1] A la manière des Grecs.

héritage ; conservez-les et protégez-les maintenant et à jamais.

S'il y a des communiants, après que le diacre a dit : « Approchez dans la crainte de Dieu et avec foi, » et pendant que les clercs chantent : « Notre Dieu et notre « Seigneur nous est apparu, » le prêtre prend le calice et s'avance jusqu'à l'extrémité de l'estrade où s'élève l'autel ; le diacre prend de dessus l'autel le voile du calice, et, se plaçant à la gauche du prêtre, soutient aussi le calice en laissant pendre un bout du voile. Alors les fidèles s'approchent, les bras croisés sur la poitrine, se prosternent à plusieurs reprises, et reçoivent une parcelle du corps et du sang de Jésus-Christ, que le prêtre prend du calice et leur met dans la bouche, en disant à chacun :

Que le corps incorruptible de Jésus-Christ te donne la vie éternelle, et que son précieux sang soit pour la rémission de tes péchés.

Chaque fidèle, après avoir communié, s'essuie la bouche avec le bout du voile et baise le pied du calice. La communion étant finie le prêtre dit, en bénissant avec le calice les communiants et tous les assistants.

Sauvez, mon Dieu, votre peuple, et bénissez votre héritage, etc.

Après quoi il reporte le calice sur l'autel.

Le rideau se ferme encore une fois et les clercs chantent :

Nous sommes comblés, Seigneurs, de vos biens,

étant nourris de votre corps et de votre sang. Gloire au plus haut des cieux, à vous qui nous avez rassasiés, à vous qui nous nourrissez sans cesse, qui répandez sur nous votre bénédiction spirituelle. Gloire au plus haut des cieux, à vous qui nous avez rassasiés.

Pendant que les clercs chantent, le prêtre dit la prière d'action de grâces à voix basse :

Nous vous remercions, Père tout-puissant, qui nous avez préparé ce port assuré, la sainte Eglise, temple de sainteté où est glorifiée la très-sainte Trinité. Alleluia.

Prenant la seconde parcelle de la sainte Hostie, il communie et dit à voix basse :

Nous vous remercions, Christ roi, de nous avoir donné la vie par votre corps et votre sang vivifiants et sacrés. Accordez-nous le salut et usez envers nous de miséricorde. Alleluia.

Prenant la troisième parcelle de la sainte Hostie, il communie et dit à voix basse :

Nous vous remercions, Esprit-Saint, qui avez renouvelé la sainte Église. Conservez-la sans tache dans la foi en la sainte Trinité, dès à présent et jusqu'à la fin des siècles. Alleluia.

Il communie de la quatrième parcelle.

Puis il consomme ce qui reste dans le calice, l'essuie, le recouvre du voile et le donne à l'archidiacre, qui le reporte sur la table de l'offertoire.

LE DIACRE, *à haute voix*. Prions en paix le Seigneur, après avoir participé aux mystères divins, célestes, immortels, très-saints et incorruptibles, et remercions-en dignement le Seigneur.

LES CLERCS. Nous vous remercions, ô Seigneur, vous qui nous avez nourris à votre sainte table. Vous nous avez donné votre corps et votre sang pour le salut du monde entier et pour la vie de nos âmes.

Pendant que les clercs chantent, le prêtre dit à voix basse:

Nous vous remercions, Christ Dieu, qui nous avez accordé une telle nourriture, don de bonté, pour vivre saintement. Grâce à elle, conservez-nous purs et immaculés, demeurant en nous avec votre divine protection. Dirigez-nous dans la voie de votre sainte et bienfaisante volonté, par laquelle, aguerris contre toute attaque de Satan, nous puissions jouir de l'avantage d'écouter uniquement votre voix, de ne suivre que vous seul, puissant et vrai pasteur, et d'obtenir de vous le lieu préparé dans votre royaume céleste, ô notre Dieu, Seigneur et Rédempteur, Jésus-Christ, qui êtes béni avec le Père et l'Esprit-Saint, maintenant et à jamais, dans les siècles des siècles. *Amen.*

Il continue à voix basse :

Que la paix soit avec vous tous.

Puis encore à voix basse :

A l'inscrutable et incompréhensible Divinité en trois personnes; à la sainte, consubstantielle, vivifiante et indivisible Trinité, appartiennent la gloire, la puissance et l'honneur, maintenant et à jamais, dans les siècles des siècles. *Amen.*

On donne au prêtre à laver ses mains, après quoi il remet sa couronne, sa croix pastorale et ses décorations, s'il en a. Le rideau s'ouvre.

LE DIACRE, *à haute voix.* Bénissez-nous, Seigneur.

Le prêtre baise l'autel, ayant dans ses mains le saint Evangile, et, précédé du diacre qui encense, il descend par les degrés de droite et vient dans le chœur, qui est au bas de l'estrade de l'autel, se place la face tournée vers l'autel, et dit à haute voix :

Seigneur, qui daignez bénir ceux qui vous bénissent, et sanctifier ceux qui mettent en vous leur espérance, sauvez votre peuple et bénissez votre héritage. Conservez votre Église dans sa plénitude; purifiez ceux qui aiment la gloire et la magnificence de votre maison; glorifiez-nous par votre divine puissance, et ne nous abandonnez pas, nous qui mettons en vous toute notre espérance. Donnez la paix au monde, aux Églises, aux prêtres, aux princes chrétiens et à leurs sujets qui sont sous les drapeaux, [*Dans l'empire de Russie, on ajoute :* à notre très-pieux souverain Alexandre II Nicolaïevitch, empereur de toutes les Russies, à ses armées], et à tout votre peuple, parce que toute grâce et tout don parfait viennent d'en haut et émanent de vous, ô Père des lumières. Nous vous rendons gloire, actions de grâces et adoration, maintenant et à jamais, dans les siècles des siècles. *Amen.*

LES CLERCS. *Amen.* Que le nom du Seigneur soit béni dès à présent, et jusque dans l'éternité. (*Trois fois.*)

Le prêtre, se tournant vers les assistants, dit :

Seigneur Jésus-Christ notre Dieu qui êtes la sanctification de la loi et des prophètes, qui avez accompli l'œuvre de la volonté de votre Père pour notre salut, remplissez-nous aussi de votre Esprit-Saint.

LE DIACRE. Debout !

Le prêtre, tourné vers le peuple, le bénit avec l'Evangile :

Que la paix soit avec vous tous.

LE DIACRE. Écoutons avec respect.

LE PRÊTRE. Lecture du saint Évangile selon saint Jean.

LES CLERCS. Gloire à vous, Seigneur notre Dieu.

LE DIACRE. Soyons attentifs.

LES CLERCS. C'est Dieu qui parle.

On ôte au prêtre sa couronne, et, la tête découverte, tourné vers le peuple, il lit le saint Evangile : « Au commencement était le Verbe [1], etc. » Après quoi il remet sa couronne.

LES CLERCS. Gloire à vous, Seigneur notre Dieu.

LE DIACRE. Prions le Seigneur notre Dieu, par la sainte Croix, qu'il nous délivre de nos péchés et nous sauve par la grâce de sa miséricorde. Dieu tout-puissant, notre Seigneur, sauvez-nous et faites miséricorde.

Le prêtre bénit les assistants en faisant avec l'Evangile le signe de la croix, et dit :

Conservez-nous en paix, ô Jésus-Christ notre Dieu, sous la protection de votre sainte Croix; défendez-nous contre nos ennemis visibles et invisibles, et daignez nous permettre de vous glorifier avec votre Père et votre Saint-Esprit, maintenant et à jamais, dans les siècles des siècles. *Amen.*

LE DIACRE. Je bénirai le Seigneur en tout temps; que toujours sa louange soit sur mes lèvres.

[1] Ordinairement, à la fin de la messe on lit l'Evangile selon saint Jean ; mais les jours où il y a, après cette cérémonie, un *Te Deum* ou des prières pour les morts, on lit l'Evangile qui a rapport aux circonstances en vue desquelles on prie.

Le prêtre bénit encore une fois les assistants avec l'Evangile, et dit :

Que la bénédiction du Seigneur repose sur vous par l'opération du Saint-Esprit; allez en paix, et que le Seigneur soit avec vous tous. *Amen.*

Le prêtre baise l'Evangile, puis le donne à baiser aux prêtres et aux clercs, et ensuite à tous les assistants. Après quoi les assistants reçoivent du pain bénit, que leur distribue le diacre. Dans l'intervalle, les clercs chantent en entier le psaume XXXIII.

Je bénirai en tout temps le Seigneur; sa louange sera toujours dans ma bouche, etc.

Après ce psaume, les clercs ajoutent :

Gloire au Père, au Fils et au Saint-Esprit, maintenant et à jamais, dans les siècles des siècles. *Amen.*

Alleluia. Alleluia. Alleluia. Gloire à vous, Seigneur Dieu.

Le prêtre se rend dans la sacristie, quitte ses habits sacerdotaux et puis dit, en s'inclinant trois fois, l'Oraison dominicale.

NOTIONS ADDITIONNELLES

SUR

LA LITURGIE, LES SEPT SACREMENTS,

LES OBSERVANCES,

LA HIÉRARCHIE ECCLÉSIASTIQUE, LES VÊTEMENTS SACERDOTAUX,

ET LA FORME INTÉRIEURE DES ÉGLISES,

CHEZ LES ARMÉNIENS.

I. L'Église arménienne orientale n'a qu'une seule liturgie, dont l'origine remonte au premier siècle du christianisme, et qui a été tirée de celle de Jérusalem. Plus tard, au commencement du quatrième siècle, saint Grégoire l'Illuminateur y ajouta diverses prières, et y introduisit le symbole de Nicée, avec l'addition des paroles suivantes, que prononce le prêtre après le symbole : « Oui, nous le glorifions, celui qui était avant tous les siècles, en « adorant la sainte Trinité et l'unique divinité du « Père, du Fils et du Saint-Esprit, maintenant et « à jamais, dans les siècles des siècles. *Amen*[1]. »

[1] Voir à la page 134. — Lorsque Aristacès, fils de saint

En 430, cette liturgie fut revisée par le patriarche arménien Sahag (Isaac), en collaboration avec le savant archimandrite Mesrob, et un peu plus tard par les patriarches Kud et Jean Mantagouni. Ils y ajoutèrent beaucoup de prières d'après saint Jean Chrysostome et saint Basile le Grand. C'est cette même liturgie qui est, jusqu'à présent, en usage chez les Arméniens.

II. L'Église d'Arménie a sept sacrements : 1° le baptême ; 2° la confirmation ; 3° l'eucharistie ; 4° la pénitence ; 5° l'ordre ; 6° le mariage ; 7° l'extrême-onction. A ce sujet, voici en quoi elle diffère des Églises grecque et latine.

Le baptême se fait par immersion dans l'eau, répétée trois fois comme emblème de l'ensevelissement de Jésus-Christ pendant trois jours. Puis, l'enfant reçoit l'onction du saint chrême, ensuite la communion sous les deux espèces[1].

La confirmation est administrée aux enfants immédiatement après le baptême.

Grégoire l'Illuminateur, revint du concile de Nicée, et récita à son père le symbole de foi qu'avait adopté le concile, Grégoire s'écria transporté de joie : « *Oui, nous le glorifions celui qui était,* » etc., etc. ; et décida qu'à la messe, après le symbole, le prêtre ajouterait toujours ces paroles. Cette addition s'est conservée depuis l'an 325 jusqu'à nos jours.

[1] Pour donner la communion aux nouveau-nés, le prêtre trempe le doigt dans le calice où sont les deux saintes

L'eucharistie est donnée à tous, sous les deux espèces, mais avec du pain azyme et du vin sans mélange d'eau. Nul n'est admis à la communion sans confession préalable, excepté les enfants au-dessous de sept ans.

La pénitence s'accomplit par le jeûne et la confession.

Dans le sacrement de l'ordre, le prêtre est consacré par le saint chrême.

Le mariage a lieu de la même manière que chez les Grecs, mais avec quelques changements dans les prières.

L'extrême-onction n'est pratiquée dans l'Église arménienne que pendant les maladies et au lit des prêtres mourants. Les simples fidèles ne sont pas administrés par l'huile sacrée; mais les prêtres lisent au chevet du malade les prières qui accompagnent ce sacrement.

L'Église d'Arménie, dans sa croyance sur la vie à venir et le jugement dernier après la résurrection des morts, se base sur les paroles des évangélistes saint Jean, V, 28 et 29, et saint Matthieu, XXV, 46. Elle adresse à Dieu des prières pour les morts et pour le pardon de leurs péchés, mais elle n'admet pas de purgatoire, et ne reconnaît pas les indulgences.

espèces, et le passe sur les lèvres de l'enfant. C'est ce qu'on appelle *scherthnahaghortouthioun*, c'est-à-dire communion par les lèvres.

III. Elle solennise le dimanche et toutes les grandes fêtes, aux mêmes jours que l'Église grecque[1]. Elle prescrit le jeûne le mercredi et le vendredi, et a les mêmes carêmes que les Grecs ; mais la durée de quelques-uns n'est pas pareille. Ces temps d'abstinence forment en tout dans l'année vingt-sept semaines, qui sont réparties de la manière suivante :

Une semaine pour le carême de Noël.

Sept semaines pour le grand carême avant Pâques, en comptant la semaine de la Passion.

Une semaine pour le carême institué par saint Grégoire l'Illuminateur, en mémoire de la conversion de l'Arménie au christianisme. Ce carême est nommé *aradchavork,* c'est-à-dire, qui précède. (Voir p. 102 et 183.)

Une semaine pour le carême de saint Elie.

Une semaine pour celui qui précède la fête de saint Grégoire l'Illuminateur.

Une semaine pour celui de la Transfiguration.

Une semaine pour celui de l'Assomption de la sainte Vierge.

Une semaine pour l'Exaltation de la sainte Croix.

Une semaine pour l'Apparition de la Croix sur le mont Varak (dans la Grande-Arménie).

[1] Excepté la Nativité, que l'Eglise arménienne célèbre le 6 janvier avec l'Epiphanie, tandis que l'Eglise grecque fait cette fête, comme l'Eglise latine, le 25 décembre, sauf la différence des deux calendriers julien et grégo-

Une semaine pour le carême de saint Jacques de Nisibe.

Une semaine pour le carême nommé *Hisnagats*.

Et dix semaines, qui se composent des mercredis et vendredis des semaines de l'année qui ne sont pas d'abstinence en entier.

En tout, cent quatre-vingt-neuf jours de jeûne et de maigre.

Pendant les carêmes et les jours maigres, c'est-à-dire les vendredis et les mercredis, il est strictement défendu de manger d'aucune sorte de viande et de poisson, de faire usage de beurre, de fromage et de lait. Il n'y a que deux jours d'abstinence dans l'année où l'Église arménienne permette, en considération de la solennité de la fête prochaine, le poisson, le laitage et les œufs. Ces deux jours sont les veilles de Noël et de Pâques, après les vêpres et la messe du soir, jours où la messe se dit aussitôt après vêpres, ainsi que chez les Grecs; et comme on lit à cette liturgie l'Évangile de la résurrection, l'Église autorise l'adoucissement de la sévérité du carême, après l'office et dès que le soleil est couché, vers les sept heures du soir.

IV. La hiérarchie, dans le clergé arménien,

rien; et l'Assomption, qui, dans les Eglises grecque et latine, tombe invariablement le 15 août, tandis que dans l'Eglise arménienne cette fête est mobile et a lieu le dimanche, dans les limites du 12 au 18 août.

compte trois degrés : l'épiscopat, le sacerdoce et le diaconat.

L'épiscopat se subdivise en trois degrés : archevêque, évêque et archimandrite ou vartabed (docteur)[1]. Ce n'est qu'un archevêque qui peut être élu catholicos, c'est-à-dire, chef suprême de l'Église arménienne.

Le diaconat a deux rangs : les archidiacres, qui seuls ont le droit de lire l'Évangile et de porter le calice de la table de l'offertoire à l'autel, et les diacres.

Le clergé se partage encore en deux classes distinctes : le clergé noir et le clergé blanc, comme s'expriment les Grecs. Les évêques et les archimandrites, qui sont moines, constituent le clergé noir. Les prêtres et les diacres appartiennent au clergé blanc. Parmi les moines, il y a aussi des archidiacres et des diacres.

Les prêtres et les diacres, avant leur ordination, doivent indispensablement avoir contracté mariage; mais une fois veufs ils n'ont plus la liberté de se remarier. Ils peuvent rester alors dans leur paroisse. S'ils veulent parvenir à un rang plus élevé, il faut qu'ils embrassent la vie monastique.

V. Le costume des moines et celui du clergé blanc sont à peu près les mêmes que chez les Grecs,

[1] Beaucoup d'éparchies ou diocèses sont gouvernés par un archimandrite ou docteur, qui fait les fonctions d'archevêque ou d'évêque.

sauf que les bonnets ou calottes des moines sont recouverts d'un capuchon noir en forme de cône.

Le clergé arménien porte les cheveux longs et se laisse croître la barbe. Lorsqu'un prêtre se trouve à l'église pendant la messe ou les vêpres, il ne peut rester avec le costume qu'il a dans la vie ordinaire : il doit, pour chanter dans le chœur, se revêtir du *philon* (manteau) d'étoffe noire.

Dans l'empire de Russie, les prêtres du clergé blanc obtiennent des distinctions pour leur zèle et les services qu'ils rendent dans leurs fonctions. Si l'archevêque de leur diocèse juge à propos de les leur accorder, il doit en demander l'autorisation au catholicos. La première récompense est un manteau en étoffe violette, que les prêtres reçoivent et portent à l'église, lorsqu'ils se placent dans le chœur. La seconde est la croix pastorale en or, qu'ils mettent au cou, attachée à une chaîne du même métal. La troisième est le bonnet ou calotte hémisphérique qui recouvre le haut de la tête, et se nomme *thassag* ou bien *skouphia;* elle est en velours violet. Cette distinction existe aussi parmi le clergé grec.

Les vêtements sacerdotaux se rapprochent beaucoup de ceux des Grecs. La principale différence est :

1° *Pour les évêques*. Ils ont conservé la chasuble (schourschar) en velours broché d'or, et n'ont point adopté le *sakkos* des Grecs, sorte de dalmatique ressemblant à celle des diacres, portée jadis par les patriarches de Constantinople, et qui n'a été adoptée que fort tard dans l'Église grecque pour tous les évêques. Ils ont de plus la mitre latine que les évêques ont prise en 1181, pour se distinguer des archimandrites et des prêtres, qui, en célébrant la messe, portent aussi la mitre grecque surmontée d'une croix[1]. Quant aux autres parties de l'habit sacerdotal, elles sont tout à fait les mêmes que chez les Grecs.

2° *Pour les prêtres.* Les archimandrites et les prêtres, pendant qu'ils célèbrent la messe ou qu'ils administrent les sacrements du baptême, de la confirmation, du mariage et de l'extrême-onction, doivent avoir la mitre grecque, qui est l'emblème de leur dignité, et la chasuble, qui est plus longue que celle des Grecs et qui s'agrafe sur la poitrine. Le prêtre officiant doit revêtir aussi le collier, qui se place sur les épaules autour du cou, et qu'on nomme *vagas* en arménien. Il rappelle un peu l'amict des latins, mais il est ordinairement en métal et demi-circulaire ; sur sa partie extérieure sont représentées le plus souvent les figures des douzes apôtres, comme emblème des douze tribus d'Israël.

Le prêtre à l'autel a aux pieds des sandales; mais,

[1] Le clergé russe n'a de mitre pareille que dans la ville de Kieff. Partout ailleurs les évêques et les archimandrites seuls ont le droit de la porter pendant qu'ils officient. Ces mitres ne sont pas surmontées d'une croix.

à partir du trisagion, il doit les quitter et ne garder que ses bas. Dès ce moment, il ôte aussi ses décorations, et même la croix pastorale que les prêtres grecs et arméniens ont au cou, comme insigne de distinction; il dépose aussi la couronne, et ne la remet qu'après avoir consommé le sacrifice non sanglant.

Les habits des diacres sont absolument les mêmes que ceux des diacres grecs.

VI. Les églises arméniennes, dans leurs dispositions intérieures, rappellent à très-peu de chose près les églises grecques. L'autel, tourné toujours vers l'Orient, est placé sur une estrade élevée nommée *Pem*, le βῆμα des Grecs. Cette estrade a de sept à huit pieds carrés. La cloison à laquelle sont attachées les saintes images ou l'iconostase n'est pas avancée comme chez les Grecs, mais elle est sur la même ligne que l'autel, qui y est enclavé pour ainsi dire, précisément à l'endroit où, chez les Grecs, se trouvent les portes saintes ; à l'autel est adossée toujours une grande image.

L'autel est recouvert, comme celui des Grecs, sur tous les côtés, d'une étoffe brochée d'or ou d'argent : au-dessus s'élèvent deux gradins sur lesquels sont placés des images, des croix et des cierges. Ordinairement il y a douze cierges.

La cloison du sanctuaire a deux portes, l'une du nord, et l'autre du sud. Devant la cloison, dans toute la longueur de l'estrade où s'élève l'autel, il y a un rideau qu'on tire pendant l'oblation, et ensuite au moment où le prêtre communie. Derrière cette cloison, à gauche, se trouve un espace où est placée la table de l'offertoire, et sur laquelle se fait l'oblation. C'est de là que l'archidiacre, après le trisagion, transporte le calice, par la porte du sud, sur l'autel.

Les églises arméniennes sont surmontées de la croix, qui est toujours tournée vers l'orient.

FIN.

TABLE DES MATIÈRES.

TYP. HENNUYER, RUE DU BOULEVARD, 7. BATIGNOLLES.
Boulevard extérieur de Paris.

www.ingramcontent.com/pod-product-compliance
Ingram Content Group UK Ltd.
Pitfield, Milton Keynes, MK11 3LW, UK
UKHW031844260826
14628UKWH00002B/571

9 782012 721036